52가지

창조적 집단치료 훈련

CREATIVE THERAPY: 52 EXERCISES FOR GROUPS

Jane Dossick · Eugene Shea | 저

Eugene Shea | 그림

이상열·이혜진·전현태 | 옮김

圖書出版 하나醫學社

CREATIVE THERAPY :
52 EXERCISES FOR GROUPS

by J. Dossick & E. Shea

역자 서문

이 책은 정신건강의학과 전공의 시절 우연히 교실에서 발견하여 유용하게 사용하였던 책이었다. 원광의대 정신건강의학과에서 1988년도에 전공의를 처음 시작하면서 1년차 전공의에게 주어진 환자 수는 약 70여명이었다. 그 당시에는 원광대학병원 제 2병원으로 현재의 대학병원 속에 정신건강의학과가 속해있지 않고, 약 200병상의 정신과 전문대학병원으로 있던 시절이어서 대학병원에서 수련받고 있었지만 많은 입원 환자들을 진료해야만 하였다.

정신건강의학과에서 임상 경험이 짧고, 아직은 정신 장애에 대한 지식이 부족한 전공의로서는 환자들을 치료하는 과정에서 집단정신치료는 절대적으로 필요한 부분이었다. 입원환자들 대상으로 집단정신치료를 시행하면서 혹은 입원환자를 위한 치료적 환경을 유지하기 위한 여러 요법 들(미술요법, 음악요법, 무용동작치료요법, 싸이코 드라마 등)을 임상 현장에서 시행하면서 집단 작업을 위한 새로운 아이디어와 환자들의 마음을 이해하고 집단 구성원간의 상호작용을 높일 수 있는 방안을 모색하던 중에 이 책을 만나게 되었고 실제적으로 많은 도움이 되었다.

어느덧 시간이 흘러 정신건강의학과에서 27년을 보낸 지금에 돌아보면 과거에 비하여 뇌과학의 비약적 발전과 새로운 신약이 지속적으로 개발되어 정신장애로 고통받고 있는 환자의 치료에 획기적인 개선을 가져오고 있지만, 여전히 고통을 겪고 있는 환자의 마음을 이해하고 내면을 파악하는 것은 너무나 소중한 치료적 과정이다. 그리고 예술이 정신건강의학적 치료에 일부 활용되어 왔고, 여전히 집단 정신치료가 중요한 가운데 이 책은 임상 실제에서나, 자기 성장을 바라는 집단 작업에서 보조적이나 많은 도움을 줄 수 있다고 판단되었다.

창의적이고, 연극을 좋아하며 예술적 삶을 살아가고 있는 전현태 원장님, 원광대학교 보건학과 예술치료전공을 맡아서 활동하시는 이혜진 교수님과 같이 이 책을 편역하게 되었다. 일부는 우리나라 실정에 맞게 바꾸었다. 총 4권으로 이루어진 책 중에서 첫 번째 책을 내게 되었다.

환자들의 삶에 생기를 불어넣고, 마음을 표현하며, 서로 상호작용하도록 도울 수 있기를 바랄 뿐이다.

2015. 2.

대표역자 이상열

조안, 필립 그리고 스테판에게

차 례

소개의 글

누가 이 책을 이용해야 할까?

*52가지 창조적 집단치료 훈련(Creative Therapy; 52 Exercises for Groups)*은 정신치료자, 조직의 리더, 특히 정신 건강을 위한 여러 시설, 사립 요양원, 낮 병동, 입원 병동, 특수 교육 프로그램 그리고 지지 집단의 훈련된 선생님들을 돕기 위한 실질적인 지침서로 개발되었다. 이 책은 알쯔하이머병(Alzheimer's disease), 조현병(정신분열병), 정신지체, 우울증과 같은 다양한 문제의 정신 치료적 접근에 보조적으로 이용될 수 있다.

이 실용적인 책에는 내담자들을 위해 52가지 치료적 훈련을 위한 삽화가 포함되어 있다. 초보 치료사와 경험 많은 집단 치료사 모두를 위해 이 책은 집단에 힘을 불어넣는 방법을 설명하고 독자들로 하여금 구조화된 훈련을 효과적으로 수행하게 한다. 우리는 뉴욕시의 주요 장기 요양 병원에서 여러 해 동안 이 자료들을 성공적으로 사용해 왔다. 우리는 이 훈련들을 통해 내담자들이 서로를 대하는 기술을 발전시키고, 과묵한 사람도 집단 토의에 기여하고 집단 응집력을 독려하게 변화시킨다는 사실을 발견하였다. 이 훈련은 다른 기법들을 통해서는 접근하기 힘든 중요한 문제에 대해 치료적 토의가 가능하도록 길을 여는데 도움을 준다.

이 책은 무엇을 담고 있을까?

이 책은 복잡하지 않게 기술되어 있으며 이 책을 통한 훈련은 내담자들에게 비교적 편안한 방식으로 다가가게 될 것이다. 이런 형식은 치료사가 각각의 집단 모임에서 치료 방향을 설정하는데 일조하고, 첨부한 삽화지들은 각 내담자들을 위한 작업용지라 보면 된다. 각 작업에서 내담자들은 특징적인 주제에 초점을 두고 있는 그림들을 완성한다. 내담자들이 완성한 그림은 자신의 모습에 대한 무언가를 나타내며, 이에 대한 토의가 뒤따른다. 삽화는 가능한 한 자유롭게 자신을 표현하도록 격려하기 위해 의도적으로 단순하게 꾸며졌다.

이 책을 어떻게 이용할 것인가?

이 책은 일반적인 면담 기법을 넘어서서 집단을 위한 구조화된 방식을 제시한다. 삽화 용지는 각 훈련마다 내담자들 사이의 토의를 위한 발판으로 제공된다. 치료사를 위해 각 작업마다 단계적인 지침이 제시되어 있다.

내담자들은 탁자에 앉게 되는데 원형으로 앉는 것이 더 바람직하다. 회기를 시작할 때 내담자들에게 작업과 연관된 삽화지를 나누어 준다. 치료사는 그림에 관한 질문을 던짐으로써 내담자들이 즉각적으로 함께 참여하게 해야 한다.

치료사는 주제를 소개하고, 각 삽화에 동반된 지시사항에 따라 작업을 설명하고 내담자들에게 피드백과 조언을 구하게 된다. 이런 초기의 토의과정은 뒤따르는 작업을 위해 내담자들을 준비시키는데 사용되곤 한다.

다음으로, 내담자들에게 일정한 시간을 주고 지시에 따라 빈칸을 채우도록 하거나, 반응을 보이도록 이끌면서 작업을 완성해 가게 된다. 크레파스, 마커 펜, 연필 같이 추가적으로 제공되는 재료들은 이 때 함께 나누어준다.

모든 참가자들이 이 작업에 대해 명확히 이해하고 있는 것은 중요하다. 만약 지시사항에 대해 질문이 있다면 내담자들끼리 서로 부연 설명할 수 있도록 격려하는 것을 권고한다. 이런 방식이 내담자들을 능동적으로 참여하게 유지시켜주고 서로 간에 도움이 될 수 있다.

정해진 시간 틀을 설정하는 것은 구조화된 훈련의 측면에서 중요하다. 이들 작업은 내담자들이 그림시간과 토의시간을 고려할 때 얼마나 많은 시간이 주어졌는지를 이해하고 있다면 가장 잘 수행될 수 있다. 예를 들어, 어떤 집단에 1시간이 주어진다면 20분은 설명과 그림을 위해 쓸 수 있고 40분은 토의를 위해 사용할 수 있다.

이 훈련들은 비판적이지 않은 방식이어야 한다. 내담자들의 불안감을 줄이기 위해 치료사들은 예술적인 재능보다는 작업 내용이 더 중요함을 설명해야 한다. 그림은 토의를 촉진시키기 위해 사용될 뿐이다. 어떤 내담자들은 자기에 대한 자의식이나 신체적 불편감 때문에 그리는 것에 저항감을 보이기도 한다. 격려해 주면 도움을 받지만 너무 지나친 격려는 스트레스가 되기도 한다. 불안해하는 내담자들에게는 그들이 파악한 것을 그리게 하는 것보다 글로 적게 하는 것이 대안이 될 수 있으며 추가적으로 발생하는 압박감을 피하게 할 수 있다.

그리기 이후에는 집단토의를 바로 이어서 진행한다. 치료사는 토의시간 몇 분 전에 미리 공지해야 한다. 일단 토의가 시작되면, 모든 내담자들이 언급하는 내용은 모두 집단 원들을 향해야만 한다.

내담자들이 해석한 내용을 토의하기 위해 집단 원들이 자발적으로 나서주기를 요청한다. 치료사는 언어적인 상호작용을 증진시키고 격려하기 위한 촉매자로서 토의가 초점을 잃지 않도록 돕는 역할을 한다. 내담자들이 서로에 대해 표현하고 피드백을 주게 될 때, 더 많은 지원자들이 토의에 나설 수 있다.

이 책이 주는 이점은 무엇인가?

자신의 주관적인 면을 반영하는 미술 작업은 집단 원들이 공통의 주제를 찾도록 아이디어를 제공한다. 추가적으로, 이들 구조화된 작업들이 이용되는 다양한 측면들은 다음과 같다: 구성원들이 집단 활동을 시작할 때; 워밍업 기법으로; 집단이 발달해 가는 특정 단계에서 집단 작업을 돕기 위해; 내담자들의 대인관계 맺는 능력과 자유롭게 이야기 나누는 능력을 향상시키기 위해; 집단의 특별한 욕구에 초점을 맞추기 위해; 내담자들의 불안과 혼란한 마음을 줄이기 위해서 이용된다. 하지만 이들은 도구로서 – 특정 집단의 목표를 달성하기 위한, 전체적인 접근 방법의 일부분으로서 이해해야만 한다.

구조화된 훈련들은 집단 상호작용을 촉진시키는 한 방법이다. 억눌린 정서를 다루는 것은 개인 구성원뿐 아니라 전체 집단에게도 도움이 된다. 특정 문제를 다루기 위한 집단 작업을 돕기 위해 특별한 작업이 선택되기도 한다(Hansen, Warner, & Smith, 1980).

야롬(Yalom, 1983)은 하위수준의 입원환자 정신치료 집단의 구조화된 훈련에 대해 기술한 바 있다. 이들 집단은 흔히 주의 집중시간이 한계가 있고 두려움과 혼란스러운 정신 상태를 가진 구성원들로 이루어져 있다. 구조화된 훈련들은 이런 구성원들로 하여금 자기 자신을 표현하도록 도울 수 있다. 미술이나 그리기 작업을 이용하는 것은 자기표현을 촉진시키는데 특히 도움을 준다. 이들 훈련은 또한 구성원들의 관심을 자극하고 다양성을 제공한다. 우리는 이 책을 통한 훈련들이 이런 유형의 집단에서 매우 효과적임을 믿고 있다.

구조화된 훈련은 또한 집단에서 어느 누구도 독점적이 될 수 없도록 하고 모든 사람이 말할 기회를 갖도록 돕는다. 화제 거리가 만들어지기도 한다. 독점적인 구성원들은 다른 구성원들이 그들의 차례를 가질 수 있도록 자기 조절력을 길러야만 한다. 레빈(Levin)과 컬

츠(Kurtz)가 기술한 것처럼(1974) 소극적이고 내성적이거나 말이 없는 구성원들은 자기 차례를 기다려 참여하게 되는 이점을 갖기도 한다. 저자들은 인간관계 집단에서 구조화된 훈련의 효과를 연구했으며 이런 훈련은 소극적인 사람에게 기대 행동의 변화를 가져다주는 이점이 있다고 결론지었다. 참여를 위한 더 많은 기회가 주어짐으로써 자아가 더 작용하게 되고 스스로 지각할 만한 성격의 변화를 가져오며 집단의 통일성을 증가시키는 결과를 만들어낸다.

집단치료는 어떻게 집단 구성원들에게 도움을 주는가? 만약 적절한 과정을 거친다면 다른 동료의 피드백은 잠재된 치료적 힘을 발휘할 수 있게 되고, 자기표현의 질적인 변화와 자기실현을 향한 성장 그리고 대인관계에서의 행동 변화를 증진시킨다.

집단정신치료의 전통적인 작업에서 야롬(Yalom)은 집단치료 과정과 연관된 핵심적인 치유적 요인들을 밝혀냈다. 우리는 이 책에 포함된 다양한 훈련들이 치유 과정을 촉진시키리라 믿는다. 일반적으로, 이 작업들은 내담자들 사이에 교류와 신뢰를 발달시키도록 격려한다. 그림을 통해 공통적인 두려움과 불안감을 표현하고, 내담자들로 하여금 여러 가지 면에서 서로가 가지고 있는 동일한 걱정거리를 어떻게 교류하게 되는지를 알게 한다. 삽화의 사용을 통해서 내담자들은 다른 사람들의 욕구를 지지하고, 문제에 대한 해결책을 찾아보도록 격려받는다. 숙련된 치료자는 집단 내에서 또 다른 치유적 요인들을 발달시키기 위해 이 작업들을 전략적으로 사용할 것이다.

이 훈련들의 한계는 무엇인가?

경험을 통해, 우리는 이들 훈련과 자료들이 가치가 있다는 사실을 발견해왔다. 하지만, 이들의 사용에 한계점이 있음을 인식하는 것 또한 중요하다. 앞에서 말해왔던 것처럼, 이 훈련들은 토의를 촉진시키는, 다른 치료의 보조적인 수단으로써 사용되어야 한다.

야롬(Yalom, 1985)은 구조적 훈련들이 집단에 미칠 수 있는 부정적인 효과의 가능성을 설명한다. 예를 들어, 집단 원들 사이의 상호작용이 필요한 결정적 단계에서 이를 간과하고 지나치게 하는 분위기를 만들 수 있다고 제안한다. 또한, 구조화된 작업들은 내담자들로 하여금 중요한 부정적 느낌과 긍정적 느낌을 너무 빠르게 교류하도록 몰아가기도 한다. 추가적으로, 치료사는 내담자들에게 너무 지나치게 의존적이 될 수도 있다. 이것은 치료적 요인으로서 작용하는 '집단'이라는 잠재된 효과성을 떨어뜨린다.

리버만(Lieberman), 야롬(Yalom) 그리고 마일스(Miles)는 구조화된 훈련들이 집단에 어떻게 영향을 미치는지를 연구(1973) 하였다. 상대적으로 구조화된 훈련을 더욱 자주 사용했던 치료사들은 내담자들에게 인기가 더 높았다. 하지만, 이들 집단 구성원은 더 적은 양의 구조화된 훈련들을 사용한 집단 구성원들 보다 미미한 변화를 보인다는 사실이 발견되었다.

구조화된 훈련의 사용은 균형을 이뤄야만 한다. 사용되는 정도는 치료사에 의해 주의 깊게 평가되어야만 한다. 그렇지 않으면 치료사는 집단의 잠재력을 떨어뜨리고 구성원들을 어린아이처럼 만들어버리는 위험에 빠진다. 구조화의 양과 형식을 채택하는 데는 집단의 형식, 구성원의 특징 그리고 치료사의 이론적인 방향이 결정적인 영향을 미치는 요인들이다(M. S. Corey & G. Corey, 1987).

추가적으로 치료사는 파이퍼와 존스(Pfeiffer & Jones, 1983)에 의해 기술된 세 가지 고려할 점에 주의를 기울여야 한다. 첫째, 구조화된 훈련들은 집단을 위한 특정한 지향점과 목적을 제시해야 한다. 치료사는 관심, 걱정 혹은 개인 구성원들이나 전체적인 집단의 문제에 방향을 둔 작업들을 선택해야만 한다. 둘째, 구성원들에 대한 가벼운 정도의 이해를 넘어선 그 이상의 이해가 중요하다. 왜냐하면, 환상에 대한 표현과 탐색은 위협적이고 불안을 유발하게 할 수도 있기 때문이다. 보다 덜 비판적인 훈련이 불안감이나 방어적인 태도를 가진 집단의 개방성을 촉진하는데 권장된다. 셋째, 서로 다른 문제들이 집단 발달의 다양한 단계에서 부상한다. 내담자들은 집단의 발달 단계와 상응하는 수준의 피드백이 제시될 때 가장 훌륭히 기능할 것이다. 집단 발달의 초기 단계에서는 개방성과 신뢰 구축에 초점을 둔 훈련이 더 적절하다. 결정적인 피드백과 평가에 초점을 둔 훈련은 집단 발달의 후기 단계에서 보다 더 성공적이 될 것이다.

결론

*52가지 창조적 집단치료 훈련*은 치료사와 내담자들 모두에게 이득을 주는 책이다. 이 책에 있는 구조화된 훈련들은 내담자들로 하여금 보다 쉽게 토의의 주제와 연관된 생각, 감정 그리고 경험에 집중하도록 만든다. 내담자들은 자기 자신을 드러내고 피드백을 교환하며 서로를 정서적으로 지지하면서 더 큰 이점을 가지게 된다.

하지만, 이 책은 성공적인 집단 경험을 위한 틀을 제공함으로써 그들의 집단을 지도하는 집단 리더, 치료사 그리고 선생님들을 돕는데 가장 우선적인 목적을 두고 있다.

특별한 제안을 사용해서, 우리는 치료사가 연출가로서 매우 폭넓고 다양하게 집단치료를 적용하고 다룰 수 있도록 설명했다. 추가적으로, 이들 훈련의 사용은 또한 개인적인 상담이나 다른 집단 치료들에서 문제에 대해 좀 더 깊은 탐색을 하도록 치료사를 일깨우는데 도움을 줄 수 있다.

참고 문헌

Corey, M. S., & Corey, G.(1987). Groups: Process & Practice(3rd ed.). Monterey, CA: Brooks/Cole.

Dalley, T.(1984). Art As Therapy: An Introduction to the Use of Art As a Therapeutic Technique. New York: Tavistock.

Hansen, J. C., Warner, R. W., & Smith, E. J. (1980). Group Counseling: Theory and Process(2nd ed.). Chicago: Rand McNally.

Levin, E. N., & Kurtz, R. R. (1974). Structured and non structured human relations training. Journal of Counseling Psychology, 21, 526-531.

Lieberman, M. A., Yalom, I. D., & Miles, M. B. (1973) Encounter Groups: First Facts, New York: Basic Books.

Pfeiffer, J. W., & Jones, J. E. (1983). A Handbook of Structured Experiences for Human Relations Training: Reference Guide to Hand Books and Annuals. San Diego: University Associates.

Shulman, L. (1979). The Skills of Helping Individuals and Groups. Itasca, IL: Peacock Publications.

Yalom, I. D. (1983). Inpatient Group Psychotherapy. New York: Basic Books.

Yalom, I. D. (1985). The Theory and Practice of Group Psychotherapy (3rd ed.). New York: Basic Books.

제 1장

오솔길(THE PATH)

목적 : 1. 자기 노출의 기회를 제공하기.

2. 자신과 타인에 대한 인식을 증진시키기 위해서 환상을 함께 나누기.

재료 : 각 내담자를 위한 복사된 삽화지 한 장; 크레파스 혹은 마커 펜.

설명 : A. 치료사는 동일한 장소라도 사람들이 다르게 보는 이유를 알아보기 위해 내담자들에게 질문한다.

B. 재료를 나누어 주면서, 이 작업은 자신이 이미 가보았거나 가보고 싶은 장소를 집단원들에게 보여주는 기회라고 설명한다.

C. 각 내담자들은 주어진 삽화의 길 위에 자신들의 모습을 그린다.

D. 내담자들은 이와 함께 여행의 동반자를 그린다(동반자는 과거 혹은 현재의 인물이 될 수 있다).

집단 토의 : 내담자들은 그들의 그림을 설명함으로써 자신을 표현할 수 있도록 격려받는다. 선택한 목적지와 동반자가 그 내담자의 어떤 면을 나타내는지 집단 원들끼리 서로 토의를 나눈다. 몇몇의 내담자들은 상상의 목적지를 표현할 수도 있다. 흔히, 이 작업은 내담자들로 하여금 그들이 방문했거나 전에 살았던 실제의 장소를 말하게 함으로써 회상집단으로까지 발전시킬 수 있다. 치료사는 집단 원들이 그림과 관련된 사건이나 감정들에 대하여 서로 질문하고 이야기할 수 있도록 격려한다. 선택된 여행 동반자의 개인적인 특성을 알아가는 것은 흥미롭다. 내담자와 가까운 인물인가, 아니면 내담자가 가까워지고 싶은 인물인가?

이 작업을 통한 자기 노출은 상대적으로 비판받을 위험이 적다. 따라서, 집단발달의 초기 단계에서 적절하다.

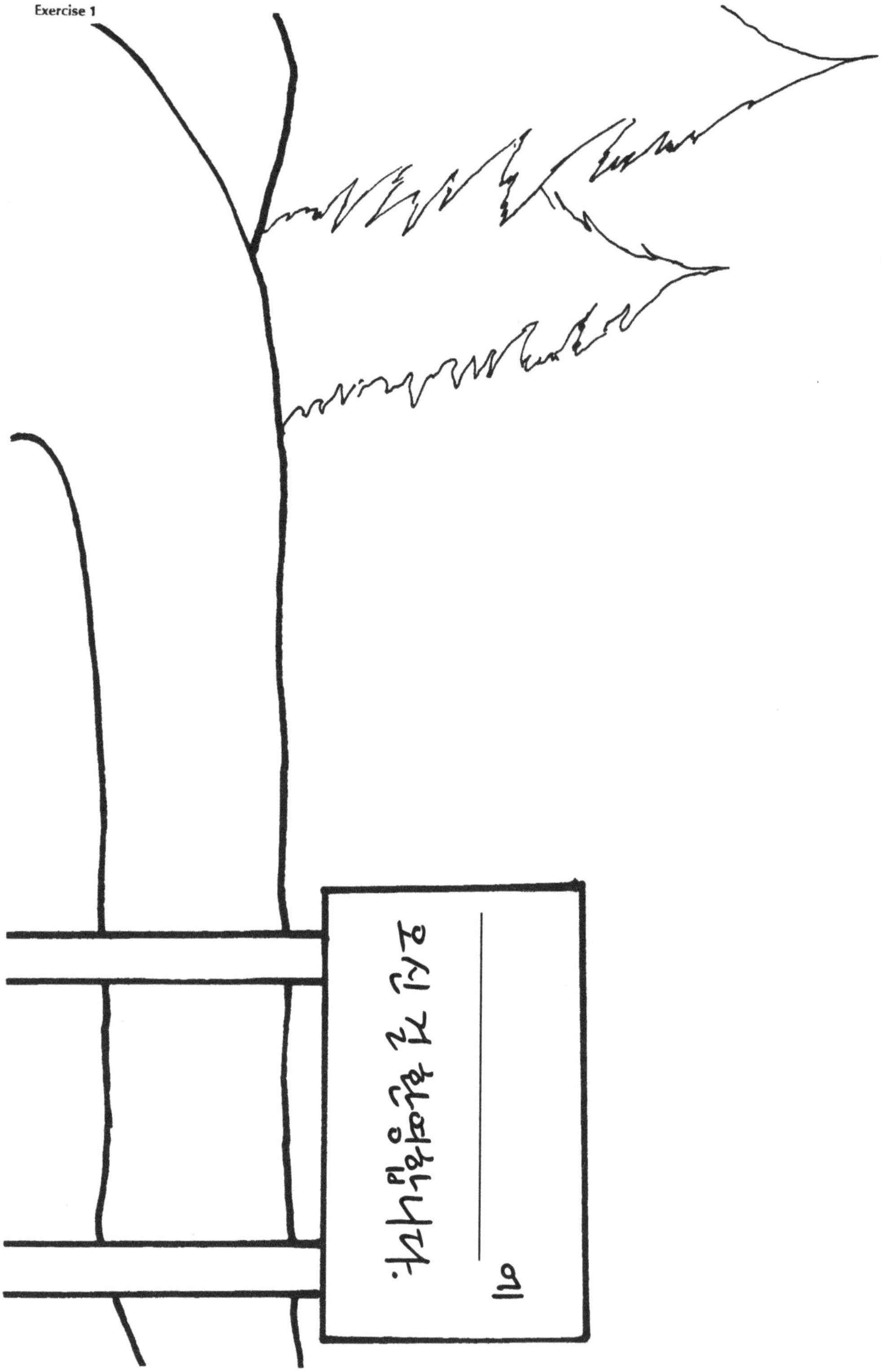
________의
오신 걸 환영합니다.

제 2장

타임머신(TIME MACHINE)

목적 : 1. 서로의 경험을 비교하고 기억에 대한 이야기 나누기.
2. 공감능력을 증진시키기.
3. 자기 평가에 있어 집단의 피드백을 반영하기.

재료 : 각 내담자를 위한 복사된 삽화지 한 장; 크레파스나 마커 펜.

설명 : A. 치료사는 더 나은 삶을 살게 되고 어떤 일을 뭔가 다르게 하게 되는 환상에 대해 이야기 하도록 집단에게 요청한다.
B. 재료를 나누어 주면서, 치료사는 내담자들이 바꾸고 싶어 하는 그들 인생의 어느 시점으로 돌아가는 상상을 하라고 지시한다.
C. 내담자들은 실제로 일어난 사건을 그리는 것이 아니라, 만약 그것이 다르게 바뀌었다면 어떻게 되었을지 그려본다.
D. 이런 변화된 과거를 만들기 위해서 그들이 무엇을 해야만 했을지도 토의에 포함시킨다.

집단 토의 : 각 내담자들은 과거에 실제 일어난 일이나 경험에 대해 이야기 한다. 그리고 난 후, 그들이 과거를 어떻게 바꾸었는지 보여준다. 뒤바꾼 사건이나 경험을 그 사람이 왜 더 원하는지 이해해 보도록 다른 내담자들을 격려함으로써 집단의 공감능력이 길러진다. 내담자들은 과거를 바꿀 수도 있었을 다른 방법들에 대해 조언해주도록 한다.
이 작업은 통합이 잘 되어 있고, 비판적인 의견들로부터 이득을 얻을 수 있는 집단에 가장 효과적이다.

변형 : 내담자들은 그들이 다시 재현하고 싶은 인생의 행복했던 시간을 선택한다. 집단 토의와 피드백은 그 사건들의 의미를 이해하는 것에 초점을 둔다.

Exercise 2

타임머신

제 3장

만화(CARTOON)

목적 : 1. 부정적인 경험에 대한 건설적인 반응을 나눔으로써 대인관계 학습능력을 증진시키기.
2. 환경에 대한 반응으로 나타나는 어떤 감정을 인식하기.

재료 : 각 내담자를 위한 복사된 삽화지 한 장; 볼펜 혹은 연필.

설명 : A. 우리가 경청하고 충고하고 어떤 감정을 가지는 이유에 대해 이해하면서 얻게 되는 좋은 점을 토의하며 이 작업을 시작한다.
B. 재료를 나누어 주면서, 치료사는 내담자들에게 만화의 빈칸을 채우게 될 것이라고 말한다.
C. 처음 두 개의 만화에서 내담자들은 힘든 감정들을 어떻게 다루어야 할지 조언을 한다.
D. 나머지 두 개의 만화는 보다 더 개인적인 것이며, 내담자들로 하여금 자신의 감정에대한 통찰을 나누게 한다.

집단 토의 : 각각의 내담자들은 그들의 만화를 집단 원들에게 읽어준다. 내담자들은 어떤 부정적인 상황에서 왜 그런 특별한 반응들을 권유하는지 설명한다. 집단이 서로 의견을 나눌 수 있도록 격려한다. 내담자들은 또한 어떠한 특정한 경험들이 그들을 두렵고, 기쁘고, 혹은 불행하게 하는지 이야기 한다. 집단 원들은 이것이 그 사람에 관한 무엇을 나타내는지 언급한다. 공통된 화제들이 나타나고, 그것에 초점이 모아진다. 이 작업은 통찰 나누기가 가능한 집단에서 가장 효과적이다.

Exercise 3

만화 속 글을 완성해 주세요!

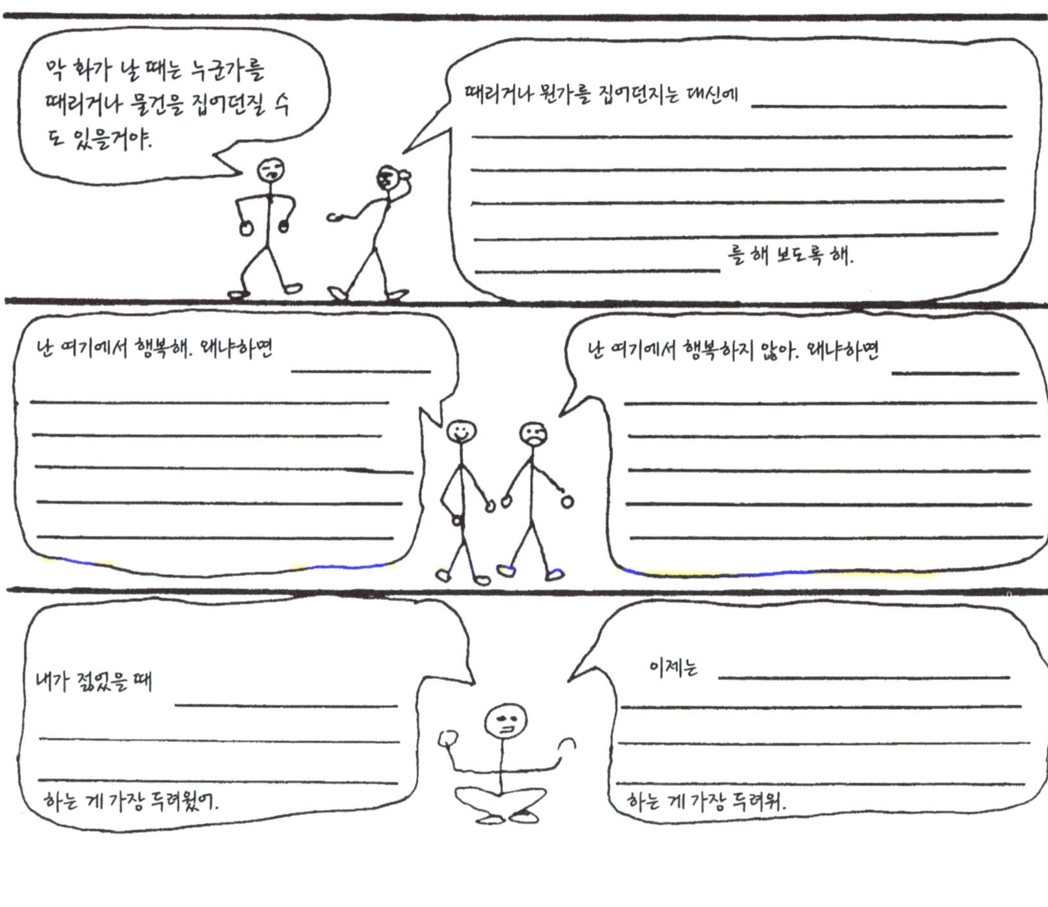

제 4 장

쓰레기통(THE GARBAGE PAIL)

목적 : 1. 타인의 감정을 알아가면서 공감능력을 기르기.

2. 자신의 인생에서 부정적인 측면을 드러내는 위험을 감수(risk-taking)하기.

3. 많은 문제들이 보편적이라는 것을 나타내는 공통된 화제를 재인식하기.

재료 : 각 내담자를 위한 복사된 삽화지 한 장; 크레파스나 마커 펜.

설명 : A. 치료사는 삽화지를 들고 집단에게 삽화의 쓰레기통이 상징하는 것이 무엇일지 질문한다. 치료사는 그들의 삶에서 버리고 싶은 무언가에 초점을 맞춰 토의하도록 지시한다.

B. 재료를 나누어 주면서, 치료사는 내담자들에게 버리고 싶은 것을 상상해 보도록 말한다. 그것은 사람, 물건, 장소, 혹은 감정이 될 수도 있다.

C. 마치 그것이 손에서 쓰레기통 안으로 떨어지는 것처럼 이를 그려보도록 이야기한다.

집단 토의 : 내담자들은 그림에 표현된 것과 같은 그들의 삶에서 부정적인 측면들을 설명한다. 집단 원들의 언급과 질문들을 통해서 그들이 선택한 것들을 탐색한다. 치료사는 집단 원들이 공통된 화제와 자신의 감정을 확인할 수 있도록 도와준다. 몇몇 내담자들은 쓸모없는 선물처럼, 현실적인 실망감을 묘사할 것이다. 또 다른 사람들은 좋지 않은 대인관계처럼 추상적인 개념을 표현할 것이다.

흔히, 내담자들은 자신이 살고 있는 환경의 부정적인 측면들을 쓰레기통에 버린다는 것을 알 수 있다. 이것은 특히, 입원환자 혹은 시설에 거주하는 사람들에게 더 그렇다. 이 작업은 폭넓게 수용할만한 반응들(사람, 물건, 장소 혹은 감정에 대한)을 유도하기 때문에 집단 발달의 어떤 단계에 있든 거의 모든 형태의 집단에서 잘 적용시킬 수 있다. 추가적으로, 이것은 집단 발달의 초기 단계에서 새로운 집단원이 다른 사람들과 서로 얼굴을 익히는데도 유용하다.

변형 : 삽화지를 거꾸로 돌려 쓰레기통에서 손바닥으로 무언가 떨어지는 것처럼 설정한다. 이 작업은 내담자가 과거에 버렸던 것 들 중에서 다시 찾고 싶은 것(사람, 물건, 장소, 혹은 감정)에 초점을 맞춘다.

Exercise 4

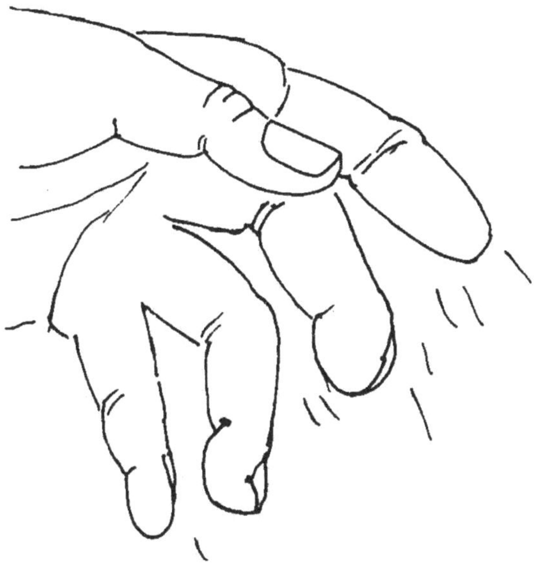

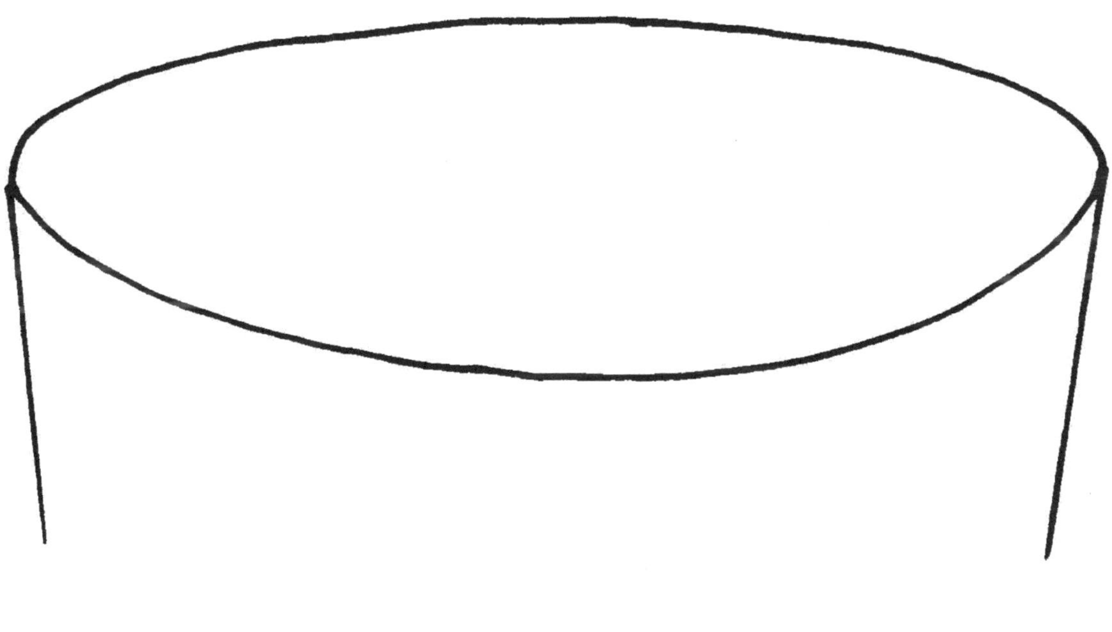

제 5장

생일 케익(THE BIRTHDAY CAKE)

목적 : 1. 자신에 대한 인식을 증진시키기 위한 환상 나누기.
2. 타인이 표현한 소원과 욕망을 통해서 다른 사람들의 욕구를 탐색하기.

재료 : 각 내담자를 위한 복사된 삽화지 한 장; 크레파스나 마커 펜.

설명 : A. 치료사는 각자가 소원하는 내용의 주제에 대해 소개한다. 내담자들은 그들의 삶에서 소원의 중요성을 토의한다.
B. 재료를 나누어주는 동안, 치료사는 내담자들에게 달성하고 싶은 어떤 욕망이나 소원에 초점을 맞추도록 말한다.
C. 제공된 종이에, 마치 생일에 소원을 비는 것처럼 자신들의 소원을 그리도록 한다.

집단 토의 : 내담자들은 그들의 소원과 욕망에 대해 이야기를 나눈다. 치료사는 서로가 표현한 것에 대해 어떻게 생각하는지 이야기 나누도록 격려한다. 각자가 욕구를 성취해야만 한다고 느끼는 또 다른 소원들에 대해 좀 더 이야기를 나누도록 내담자들을 격려한다. 토의가 진행되면서 대개 긍정적인 감정들이 나타날 것이다.
이 작업은 비판적이지 않다. 집단 발달 단계와 상관없이 어떤 형태의 집단에서도 사용될 수 있다. 생일 소원은 어느 누구라도 연관되어 있는 것이다.

변형 : 내담자들은 이미 이루어진 과거의 소원을 그려본다. 집단 토의와 피드백은 그 경험의 의미를 이해하는데 초점을 맞춘다.

Exercise 5

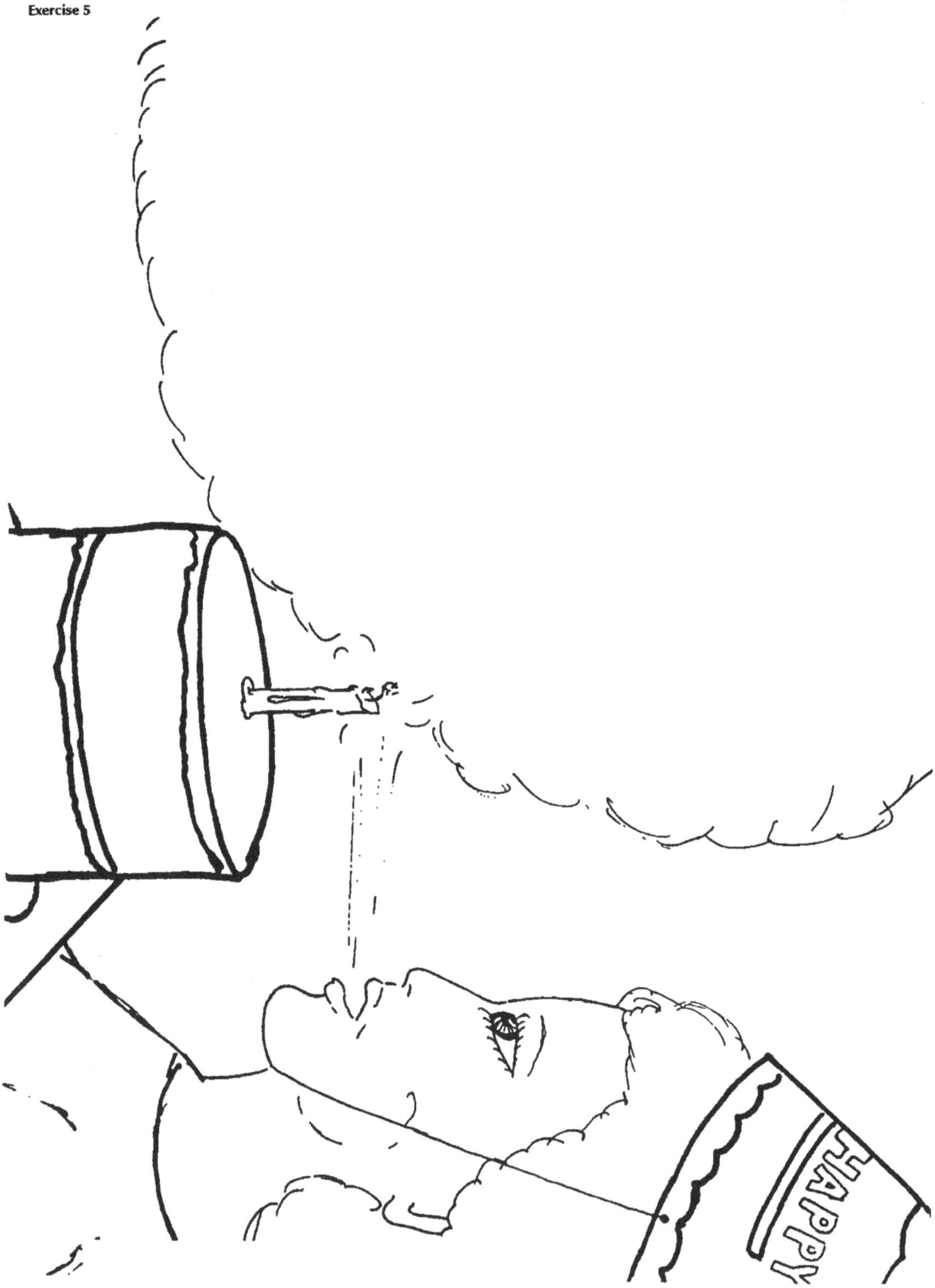

제 6장

영화 개봉 예정(COMING ATTRACTION AT THE MOVIES)

목적 : 1. 환상을 통해 자기의 이미지를 드러내기.
2. 내담자들이 비판적이지 않은 방식의 피드백을 받아들이게 하기.
3. 자기 자신에 대한 일반적인 인식에 도달하기 위해서 상상력을 탐색하기.

재료 : 각 내담자를 위한 복사된 삽화지 한 장; 크레파스나 마커 펜.

설명 : A. 내담자들은 영화배우가 되는 상상을 통해 명예를 얻고, 그들이 되고 싶어하는 누군가가 될 수 있는 기회를 어떻게 표현해 내는지 토의한다.
B. 재료를 나누어 주면서, 치료사는 내담자들에게 연기를 하고 싶은 영화 장르나 그들이 선택하고 싶은 역할이 무엇인지 상상하도록 요청한다.
C. 내담자들은 그들의 역할과 영화의 장르(즉, 코미디, 공포, 로맨스 등)를 가장 잘 나타내는 장면을 그린다.
D. 추가로, 내담자들이 그들의 영화에 적절한 제목이나 배경을 정하게 한다.

집단 토의 : 내담자들은 그들의 작품에 대해 다른 내담자들과 이야기를 나누고 왜 그런 성격의 인물과 영화 장르를 선택하였는지 이야기한다. 내담자들은 그 영화에 다른 동료 내담자들을 시각화 하였는지에 대하여 논의한다.

치료사는 어떤 내담자가 자신을 정확하게 묘사하는 영화를 그렸다면 왜 그랬는지 집단원들끼리 탐색해 보도록 돕는다. 반면에 어떤 내담자들은 자신의 이미지를 상승시키는 성격과 설정을 선택하기도 한다.

종종 내담자들은 토의하면서 서로의 개인적인 강점과 재능들에 대해 언급하며 건설적으로 이야기를 풀어나가기도 한다.

이 작업은 내담자들이 서로 잘 알고 있는 집단에서 사용되어야 한다.

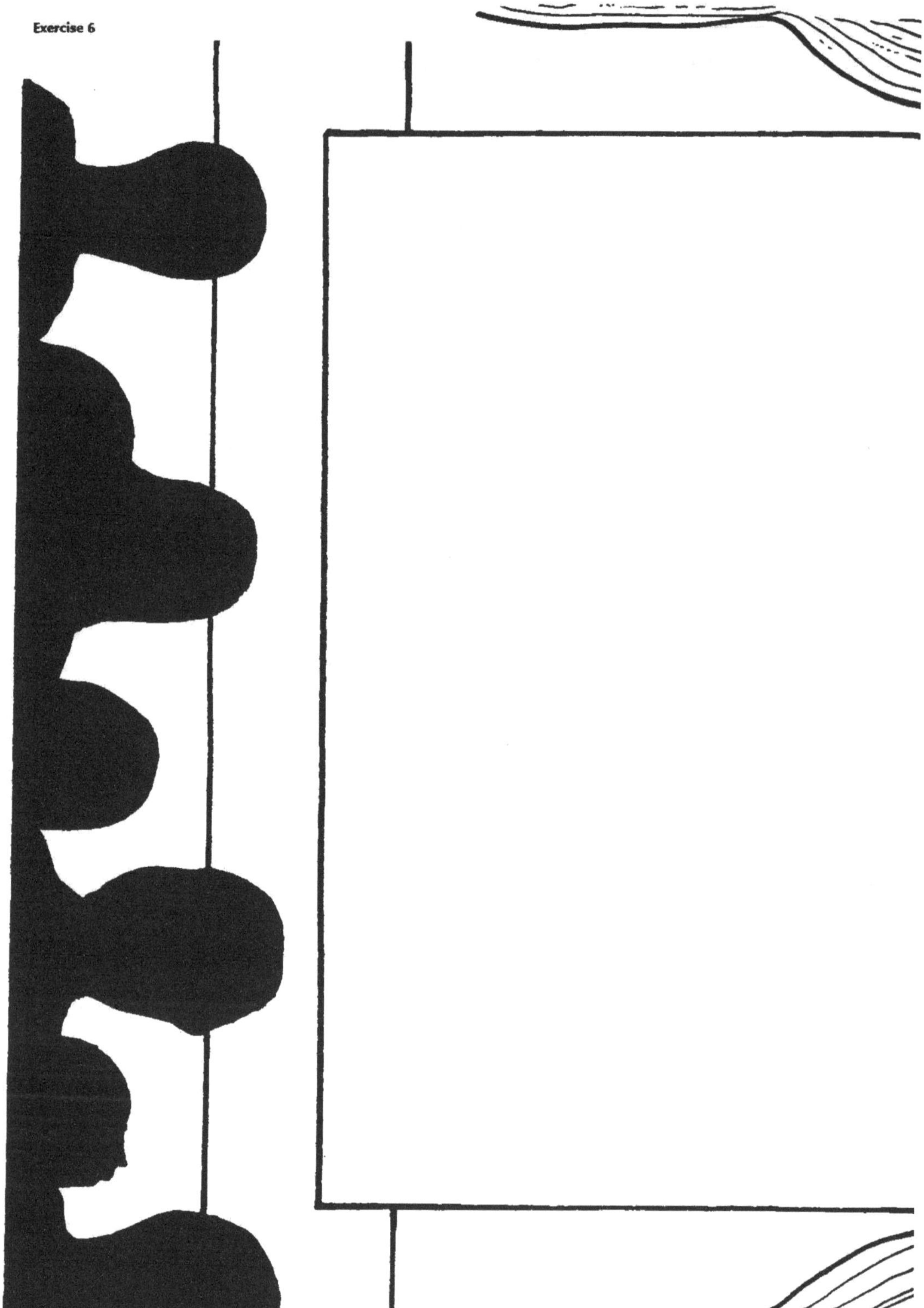

제 7장

우리는 한 배에 타고 있어요(WE'RE ALL IN THE SAME BOAT)

목적 : 1. 공통된 문제의 재인식을 통해서 보편성을 표현하기.

2. 서로가 지지해주고 유대관계를 맺음으로써 집단의 동질성과 응집력을 향상시키기.

재료 : 치료사는 뱃머리와 선미(배의 뒷부분)를 복사하여 두 명의 내담자에게 나누어 준다; 그리고 난 후, 치료사는 나머지 내담자들의 수만큼 배의 가운데 부분을 복사하고 크레파스나 마커 펜과 함께 나누어 준다. 집단 작업의 마지막에는 접착테이프가 필요하다.

설명 : A. 치료사는 "우리는 한 배에 타고 있어요."라는 말이 무엇을 의미하는지 집단에게 질문한다.

B. 내담자들에게 배의 한 부분을 나누어 주고, 다른 내담자들과 공통으로 가지고 있다고 느끼는 문제 하나를 표현하게 한다.

C. 토의를 시작하기 전에, 치료사는 삽화를 모아서 접착테이프를 사용하여 하나의 기다란 배로 만든다.

집단 토의 : 배의 한쪽 끝에서부터 시작해서, 치료사는 각각의 내담자들에게 표현된 문제들을 설명하도록 요청한다. 치료사는 비슷하다고 생각되는 문제가 나타날 때는 피드백을 주도록 요청한다. 토의는 상호간의 지지와 내담자들이 함께 공조하여 공통의 문제들을 다룰 수 있는 방법들을 찾는데 초점을 맞춘다.

내담자들은 종종 치료자나 입원 정책과의 갈등, 타인들과의 불화, 식이 제한과 같은 사회적인 혹은 환경적인 제한에 대해 느낌들을 나눈다.

이 작업은 집단 발달의 초기단계를 지난 집단에게 효과가 있다.

Exercise 7a

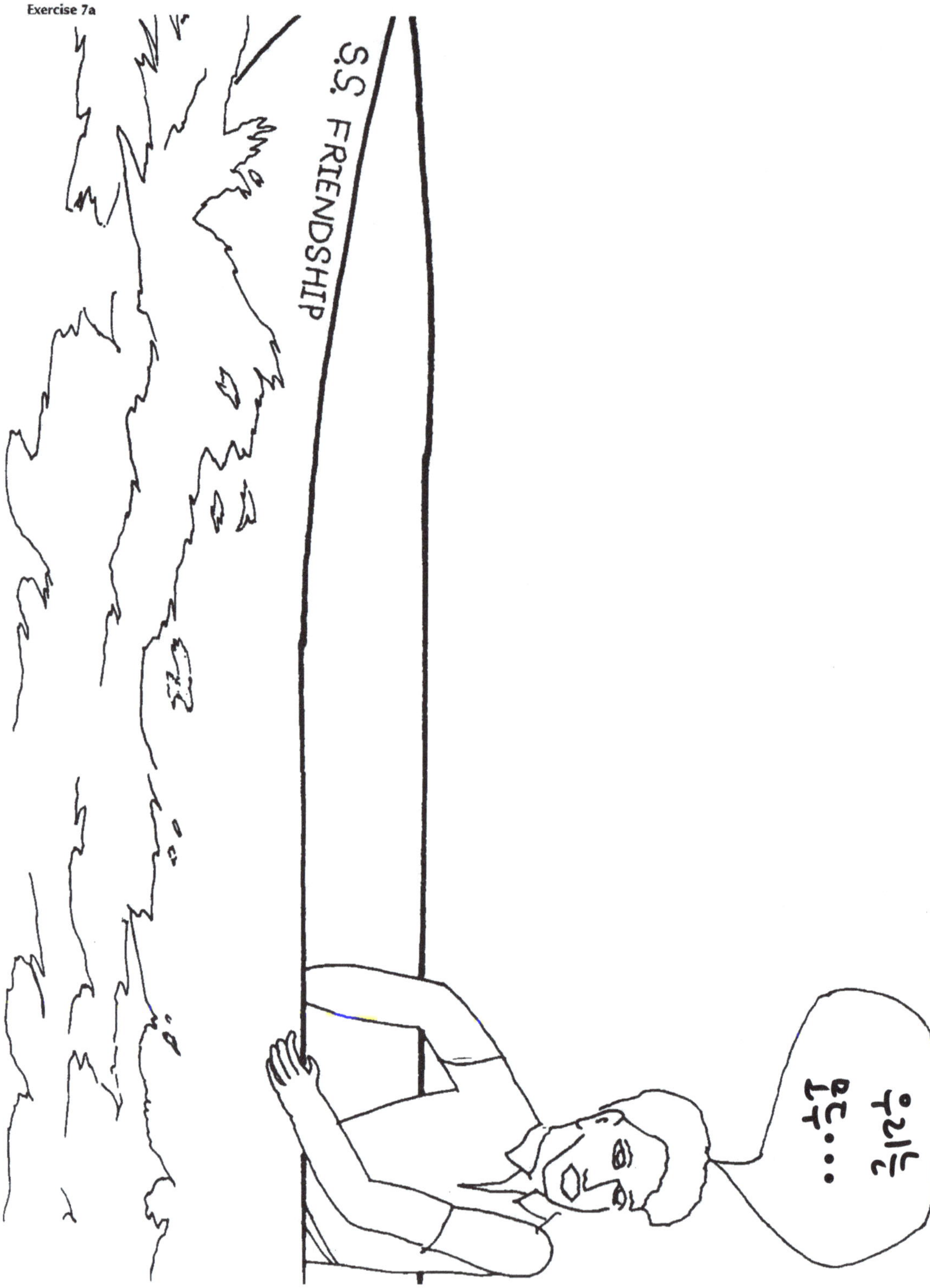

Exercise 7b

Exercise 7c

제 8장

창문(THE WINDOW)

목적 : 1. 내담자의 삶에서 빠져 있는 것에 대한 감정을 명료화하도록 기회를 제공하기.
2. 서로에 대해 더 잘 알도록 인생 경험을 견주어보기.
3. 인생 상황에 보다 잘 적응하도록 충고를 주고받기.

재료 : 각 내담자를 위한 복사된 삽화지 한 장; 크레파스나 마커 펜.

설명 : A. 치료사는 집단에게 삽화를 보여주고 그것이 무엇을 나타내는지 피드백을 요청한다.
B. 재료를 나누는 동안, 치료사는 창문 너머의 바깥 세상을 그린 이 그림을 내담자들이 뭐라고 설명하는지 각각의 생각을 모아본다.
C. 내담자들이 건물의 바깥으로 나간다고 할 때 자신들이 건물 안에 두고 온 무엇인가를 생각해서 이를 그려본다.

집단 토의 : 내담자들은 그들이 두고 온 것과 이것에 대한 자신의 느낌을 함께 설명한다. 집단은 각 내담자에 관해 드러내는 이것에 대해서 토의를 나눈다. 내담자들은 그림과 연관된 긍정적 혹은 부정적인 자신만의 경험을 이야기한다. 내담자들은 종종 그들이 그리워하는 사람과 그들이 더 있고 싶어 하는 장소에 대해 설명한다.
이 작업은 입원 환자들과 외부 세계에 분리된 느낌을 가지는 거주자들이 가장 잘 수행한다. 또한 집단 발달의 초기 단계에서 서로에 대해 알 수 있게 돕는데 좋다.

변형 : 내담자들은 창문 밖에 있는, 자신이 두려워하는 무엇인가에 대해 설명한다.

Exercise 8

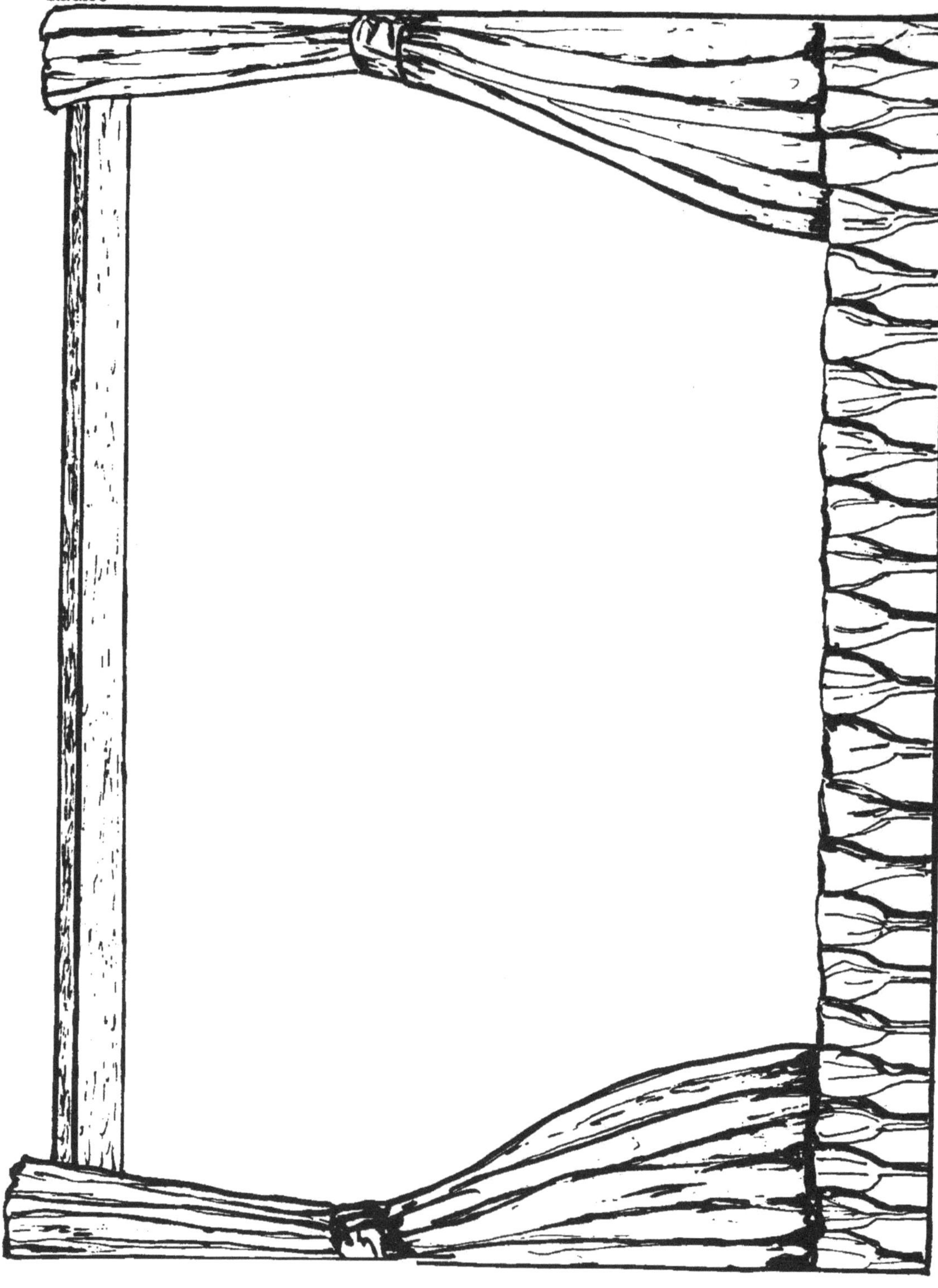

제 9장

나의 문제(MY PROBLEM)

목적 : 1. 비판적이지 않은 방식으로 개인적인 걱정을 다른 내담자들과 소통하기.
2. 개인 그리고 집단의 문제해결 기술을 발달시키기.
3. 내담자들로 하여금 서로를 도울 수 있게 격려하기.

재료 : 문제지와 답안지의 복사 본 각각 한 장씩; 크레파스, 볼펜 혹은 연필.

설명 : A. 치료사는 주제 내용으로 내담자들끼리 왜 그리고 어떻게 서로의 문제를 효과적으로 해결하는데 도움을 줄 수 있는지에 대해 설명한다. 집단 원들이 의견을 말할 수 있도록 이끈다.
B. 문제지를 나누어 주면서, 치료사는 이 작업의 결과로 무엇을 얻을 수 있는지에 대해 대략적인 개관을 제시한다.
C. 내담자들은 삽화지의 그림에 하나의 문제를 그리고 기술한다. 치료사는 내담자들에게 응답지는 익명으로 할 것임을 강조하면서 안심시킨다.
D. 삽화지를 모은 후에 무작위로 재분배한다. 이번에는 답안지라고 적힌 삽화지를 나누어 준다.
E. 집단 구성원들은 익명의 문제들에 대한 그들의 답을 적거나 설명하도록 한다.

집단 토의 : 각각의 내담자들은 누군가의 삽화, 문제 그리고 답안을 가지고 토의한다. 치료사는 내담자들이 추가적인 해결책을 제시해 보도록 격려해야 한다.
비록 몇몇 내담자들이 누군가의 문제를 알아채더라도, 치료사는 집단 원들이 누구의 문제가 토의되었는지 추측하는 것을 막아야 한다.
이 작업은 집단 발달의 모든 단계, 특히 새로 형성된 집단에 적절하며 자기 노출에 대한 불안감은 익명성을 통해서 줄일 수 있다.

Exercise 9a

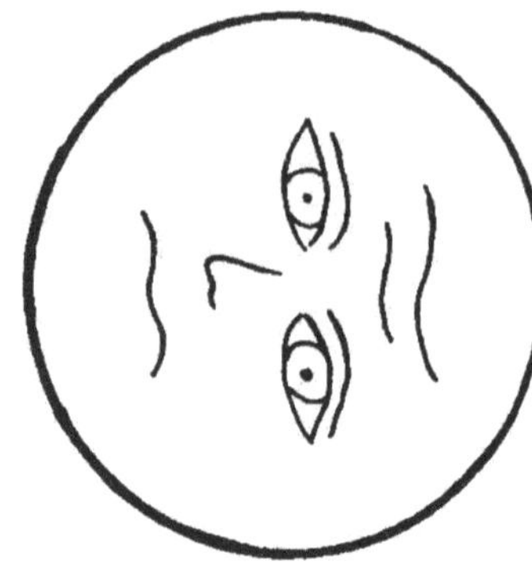

문제지

답안지

제 10장

출근(OFF TO WORK)

목적 : 1. 자신의 강점과 약점을 인식하기.
2. 집단 피드백을 자기 평가에 반영하기.

재료 : 각 내담자를 위한 복사된 삽화지 한 장; 크레파스 혹은 마커 펜.

설명 : A. 내담자들에게 다양한 직업에 어떤 기술들이 필요한지 설명해 보도록 요청한다.
B. 재료를 나누어 주면서, 치료사는 자기 자신에게 가장 잘 어울리는 직업의 종류를 생각해 보라고 내담자들에게 요청한다.
C. 내담자들은 이렇게 상상해 본 직업을 제공된 삽화지에 묘사한다.

집단 토의 : 내담자가 자신의 그림을 보여주기 전에, 치료사는 다른 집단 구성원들에게 이 내담자가 선택한 직업에 대해 추측하게 한다. 그리고 난 뒤 내담자는 자신이 표현한 직업을 공개한다.
치료사는 내담자들로 하여금 왜 자신이 그 직업을 선택하였는지에 대해 서로 질문해 보도록 격려한다. 이 작업은 내담자들이 서로에 대한 강점과 약점에 대해 잘 알고 있는 집단을 위해 고안되었다.

변형 : 내담자들은 과거에 자신이 가졌던 직업에 대해 설명한다. 이 변형된 프로그램은 추상적인 생각에 제한이 있는 집단에서 효과적이다.

Exercise 10

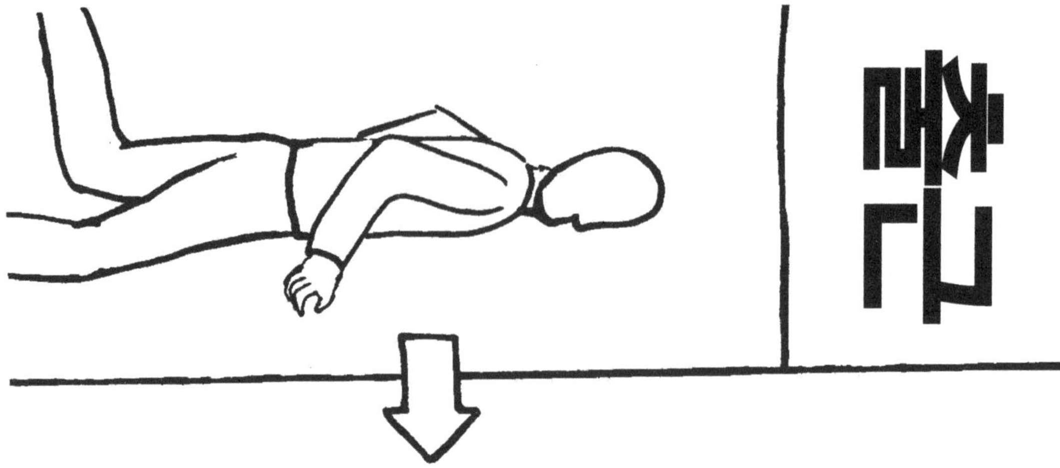

제 11장

방사선 사진(THE X-RAY)

목적 : 1. 신뢰감 형성의 한 방법으로 위험부담을 나타내기.

2. 상호간의 자기 노출을 통해서 집단 응집력을 강화시키기.

3. 내담자들 사이의 이해와 수용력을 향상시키기.

재료 : 각 내담자를 위한 복사된 삽화지 한 장; 크레파스 혹은 마커 펜.

설명 : A. 내담자들은 감추고 있는 생각까지 나눌 수 있을 만큼 다른 사람을 충분히 믿는다는 것을 주제로 이야기를 나눈다.

B. 재료를 나누어 주면서, 치료사는 내담자들에게 사람의 비밀까지 보여주는 방사선 기계를 상상하라고 말한다.

C. 각각의 내담자들에게 자신이 다른 사람들과 나누고 싶은 비밀 한 가지를 엑스레이 화면에 그리거나 적어보라고 한다.

집단 토의 : 내담자들은 엑스레이 화면에 나타난 것을 공개한다. 치료사는 왜 이런 비밀들이 자신에게 중요한지 말할 수 있도록 도와준다. 차례대로, 집단 원들이 각자의 비밀에 대해 더 폭넓게 이해하도록 돕기 위해서 서로에게 추가적인 질문을 할 수 있도록 격려한다.

이 작업은 추상적인 생각이 가능한 집단과 집단 발달의 후기 단계에 있는 집단에서 효과적이다.

Exercise 11

엑스레이실

제 12장

시간과 장소(TIME AND PLACE)

목적 : 1. 집단 정체성을 증진시키기.

2. 의사 결정과 과제 수행의 발전을 위해 협동 작업을 이용하기.

3. 주어진 주제에 집중하기.

재료 : 복사된 삽화지 두 장; 크레파스 혹은 마커 펜.

설명 : A. 내담자들은 주방이나 거실 같은 장소에서 나타나는 일반적인 욕구와 경험에 대해 이야기 하면서 이 작업을 시작한다.

B. 집단은 독립되어 작업할 두개의 팀으로 나뉜다.

C. 치료사는 각각의 팀에게 삽화지를 나누어 주고, 그들이 함께 사용할 방이나 장소를 어디로 할 것인지 선택하라고 한다. 또한, 각 팀들은 시간적 배경이 되는 낮 혹은 밤 그리고 계절을 선택한다.

D. 각각의 팀에서 한 명을 선정해 삽화지를 채워 그리게 한다.

E. 그리고 난 후, 그들이 선택한 시기에 이 방이나 장소가 무엇처럼 보였으면 하는지 각 구성원들끼리 서로 토의한다. 구성원들이 사람, 가구 등과 같은 것들을 추가할 수 있게 격려한다. 그림을 그리는 사람은 팀이 결정한 것을 종이에 그린다.

집단 토의 : 각 팀은 선택된 방이나 장소, 시간, 계절 그리고 무슨 일이 일어나고 있는지를 묘사한 삽화에 대해 이야기를 나눈다. 치료사는 팀원들이 한 팀으로 작업하면서 느낀 점들에 대해 집단 원들과 함께 알아본다. 추가적으로, 삽화를 그리는 사람과 각 팀의 리더로 뽑히게 된 이유에 대해 토의한다. 우리는 공공장소를 함께 이용하면서 불만을 가지고 있는 구성원들과 연관되어 흔히 일어나는 문제들을 보아왔다. 이런 문제들이 발생할 경우, 가능하다면 치료사는 내담자들이 적절한 해결책을 제시하도록 도와줄 수 있다.
이 작업은 평소에 같이 사용하는 장소가 많은 동거인들이나 입원환자 집단에게 가장 효과적이다.

Exercise 12

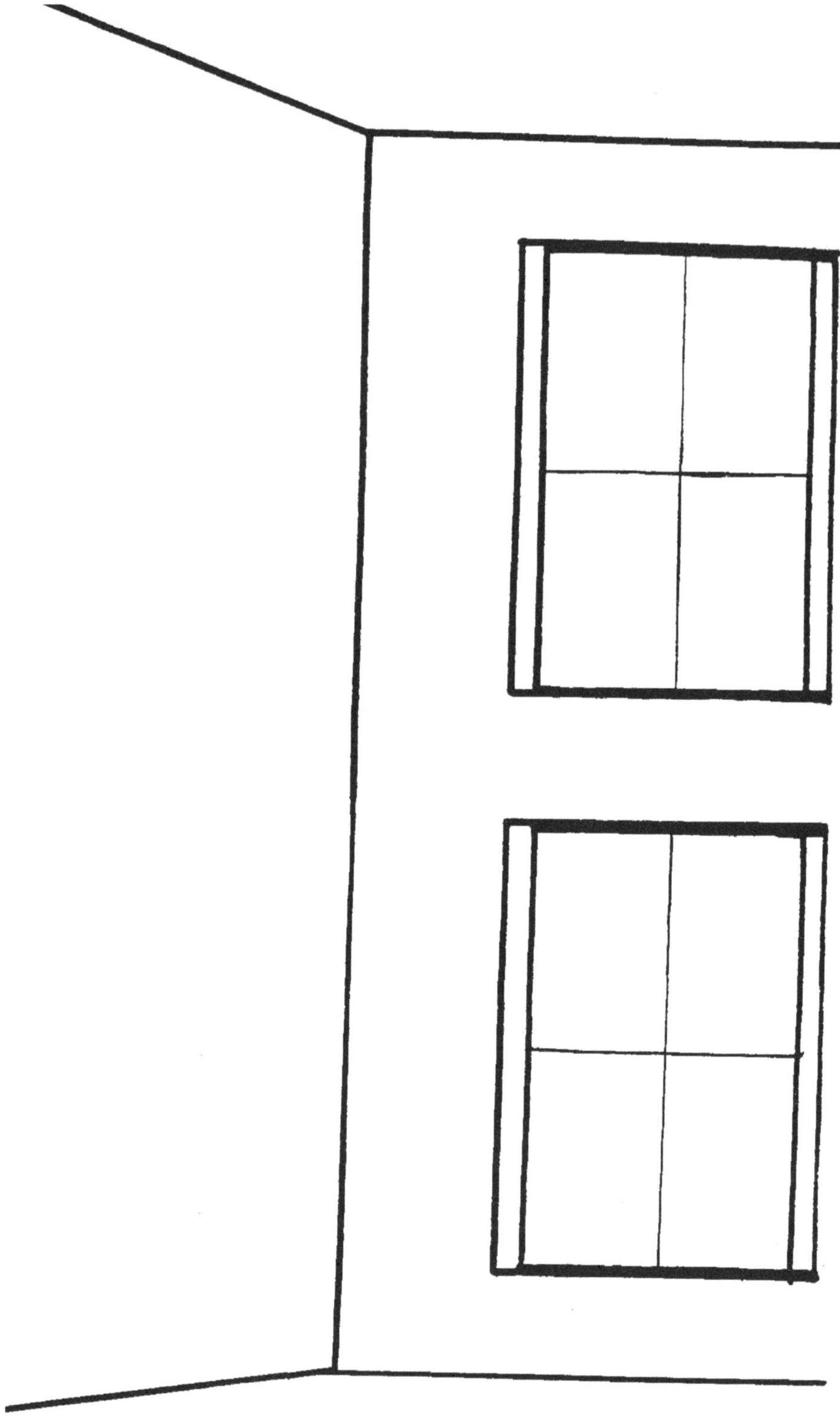

제 13장

남의 떡이 더 커 보인다(THE GRASS IS GREENER)

목적 : 1. 내담자들이 자신의 삶에서 놓친 것들에 대한 감정을 명확하게 할 수 있는 기회를 제공하기.

2. 서로의 욕구를 보다 잘 이해함으로써 공감을 키워가기.

3. 삶의 여러 상황에 더 잘 적응하기 위한 충고를 주고받기.

재료 : 각 내담자를 위한 복사된 삽화지 한 장; 크레파스 혹은 마커 펜.

설명 : A. 치료사는 내담자들에게 "남의 떡이 더 커 보인다."는 속담의 의미에 대해 토의하도록 요청한다. 그리고 난 후 재료를 나누어준다.

B. 내담자들은 그들의 삶에서 불행한 상황들을 생각하고, 담장의 한 쪽에 그것을 그린다.

C. 담장의 다른 쪽에는 다른 사람들의 더 나은 상황을 그린다.

집단 토의 : 각 내담자는 선택한 상황에서 자신이 왜 불행한지 이야기하고, 다른 사람들이 어떻게 더 나은 상황인지를 설명한다. 다른 내담자들이 질문하도록 격려하고, 이런 불만족스런 상황에 어떻게 하면 더 잘 적응할 수 있을지에 대해 의견을 제시하도록 유도한다.

비록 이 작업은 각 개인의 불행한 인생 상황에 초점을 맞추고 있지만, 다른 내담자들로 하여금 이전에는 생각하지 못했던 삶의 좀 더 긍정적인 측면에 집중할 수 있도록 돕는다.

이 작업은 집단 발달의 단계와 상관없이 다양한 집단에서 적용 가능하다.

남의 떡이
항상 더 커 보인다.

제 14장

손님(THE GUEST)

목적 : 1. 자신의 어떤 특성들이 다른 사람들에게 매력적인지 알아보기.
2. 가상의 대화를 통해서 집단의 사회화 기술을 강화시키기.

재료 : 각 내담자를 위한 복사된 삽화지 한 장; 크레파스 혹은 마커 펜.

설명 : A. 집단에게 삽화를 보여준다. 치료사는 내담자들에게 이번 시간에 어떤 작업을 할지 생각하고 이야기 해보도록 요청한다.
B. 재료를 나누어 주면서, 치료사는 내담자들에게 손님과 저녁을 함께 먹는 모습을 상상해 보라고 말한다. 그 손님은 내담자들이 아는 사람이거나 알고 싶어 하는 사람이 될 수도 있다.
C. 내담자들은 자신들의 모습, 손님 그리고 음식을 그린다.
D. 식탁 위의 말풍선에 상상 속의 대화를 적어본다.

집단 토의 : 내담자들은 왜 저녁 식사 손님으로 그 사람을 선택했는지 이야기한다. 치료사는 내담자들이 그 손님에 대해 발견한 흥미로운 점이 무엇인지에 초점을 맞추도록 돕는다. 내담자들은 저녁 만찬에 대해 설명하고, 대화를 읽고, 그 상황을 확장시켜본다. 치료사는 집단 원들이 손님, 음식 그리고 대화에 대해 좀 더 구체적인 정보들을 질문하도록 격려한다.

내담자들은 종종 서로를 손님으로 선택하기도 한다. 흔히들 자신이 좋아하는 음식이나 요리법에 대해 이야기를 나눌 것이다.

이 작업은 집단 발달의 단계와 상관없이 다양한 집단에서 사용될 수 있다.

Exercise 14

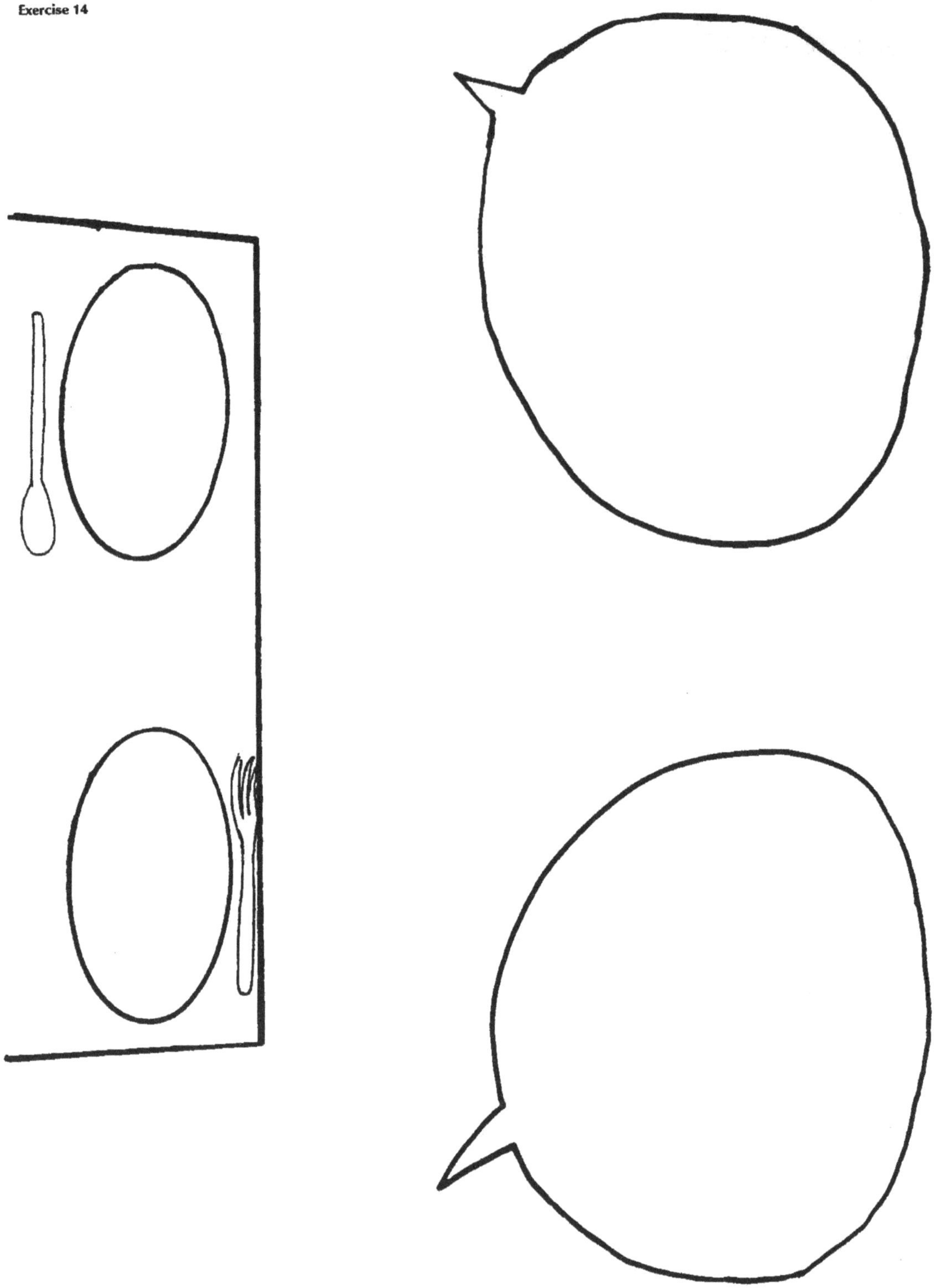

제 15장

개인 콜라주(INDIVIDUAL COLLAGE)

목적 : 1. 자기상과 다른 사람이 나를 보는 인상을 비교해보기.
2. 개인적인 정보들을 나눔으로써 집단의 상호작용을 촉진시키기.

재료 : 잡지, 가위, 풀 그리고 도화지.

설명 : A. 치료사는 공통된 주제를 나타내는 사진들을 수집하여 오려 붙이는 콜라주 기법을 집단에게 소개한다. 내담자들에게 예를 들어보도록 요청한다.
B. 재료를 나누어 주면서, 내담자들이 자기 자신과 자신이 관심을 갖는 것들에 대해 말해주는 어떤 사진들을 생각해보게 한다.
C. 내담자들에게 관련된 사진들을 찾고 자르고 도화지에 붙이도록 한다.

집단 토의 : 각자의 콜라주를 익명으로 내담자들에게 돌린다. 각 내담자는 자신이 받은 콜라주의 주인이 콜라주를 통해서 무엇을 드러내고 싶어 하는지, 또 누가 이것을 만들었는지 추측해본다. 그리고 난 후, 다른 집단 원들은 자신들의 의견을 이야기한다.
콜라주를 만든 내담자가 콜라주 안의 사진들이 의미하는 바에 대해 설명한다. 치료사는 각 콜라주가 나타내는 개인적인 특성에 중점을 두도록 돕는다.
흔히, 이 작업은 내담자들의 잘 알려지지 않은 흥미나 관심들을 드러내도록 이끈다. 이것은 내담자들에 대해 더 많은 이해를 할 수 있게 안내해 준다.
이 작업은 집단 발달의 초기 단계를 벗어난 어떤 집단에서도 효과적이다.

제 16장

단체 여행용 가방(THE GROUP TRUNK)

목적 : 1. 집단 과제 달성을 위한 활력을 증진시키기.
2. 공통된 욕구의 탐색을 통해서 통찰력을 발달시키기.
3. 집단 응집력과 집단 정체성을 증진시키기 위한 공동의 목적을 향해서 노력하기.

재료 : 복사된 삽화지 두 장; 크레파스 혹은 마커 펜.

설명 : A. 개인과 집단의 욕구 사이에 차이점을 이야기 하면서 토의를 시작한다.
B. 집단을 두 개의 팀으로 나눈다. 각 팀에서 그림을 그릴 사람을 선정한다.
C. 재료를 나누어 주면서, 치료사는 양 쪽 팀에게 이 집단이 지속적으로 기능을 하고 살아 남기 위해서 무엇을 필요로 하는지에 대해 생각해 보도록 요청한다.
D. 팀의 구성원들은 집단을 위해 요구되는 것이 무엇인지 자기들끼리 토의해 본다. 그리고 난 후, 그림을 그리는 사람은 그들이 필요하다고 결정한 것은 무엇이든지 빈 가방안에 그리거나 적어본다.

집단 토의 : 치료사는 각 팀 내에서의 토의를 유도한다. 그런 다음 각각의 그림이 완성되었을 때, 각 팀들의 "여행가방" 안에 무엇이 들어있는지 이야기를 나눈다. 치료사는 가방안에 있는 각각의 물건들이 어떻게 이 집단의 약점을 극복할 수 있게 하는지 이야기하도록 격려한다. 공통된 주제에 주의가 모아진다. 이 작업은 그들 집단의 욕구에 대한 이해의 폭을 넓힐 수 있도록 도와주고, 목적을 향해서 내담자들이 같이 노력할 수 있도록 동기를 부여해 준다. 내담자들은 몇 달이 지난 후에 같은 작업을 다시 함으로써 이전과 비교해 필요한 것이 어떻게 변하였는지 그들의 욕구를 재평가할 수 있다.
이 작업은 어떤 형태의 집단에서도 시도해 볼 수 있고, 일반적인 목적을 설정하기 위한 집단 발달의 초기 단계에서 비교적 잘 수행된다. 후기 단계의 집단에서는 문제 해결을 위한 집단 작업을 도와주는데 효과적이다.

Exercise 16

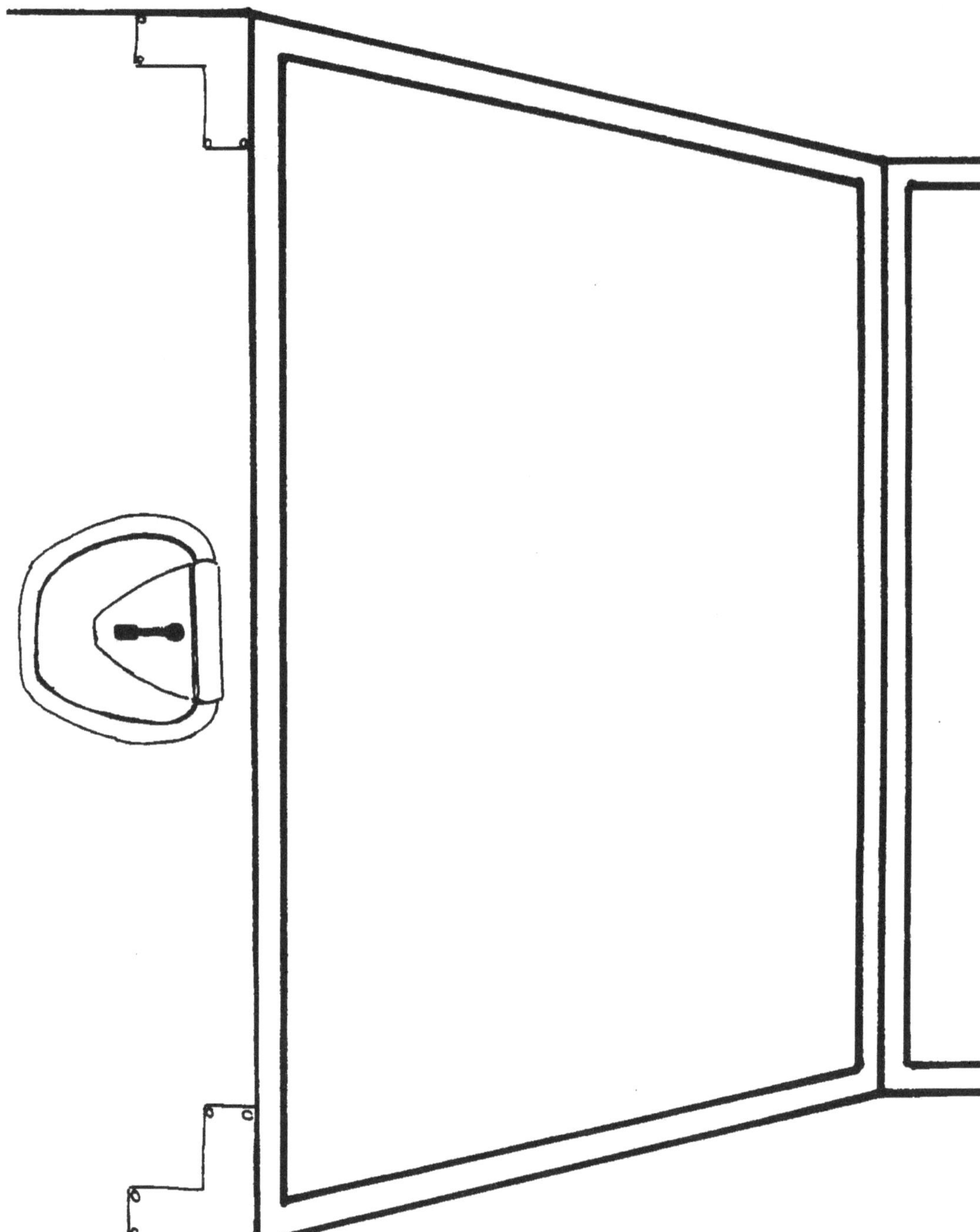

제 17장

얼굴을 완성하라(FILL IN THE FACE)

목적 : 1. 자기 노출을 위한 기회를 제공하기.
2. 비판적이지 않은 방법으로 그들 자신에 대한 통찰력을 얻을 수 있게 하기.
3. 자기와 타인을 지각한 바에 관해 피드백을 증진시키기.

재료 : 각 내담자를 위한 복사된 삽화지 한 장; 볼펜, 연필 그리고 크레파스.

설명 : A. 치료사는 삽화의 완성되지 않은 말풍선을 읽어주면서 이 작업을 시작한다. 치료사는 말풍선을 어떻게 채워야 할지 내담자들에게 예를 들어준다.
B. 치료사는 재료를 나누어 주고, 내담자들이 말풍선을 채우도록 요청한다.
C. 내담자들은 말풍선의 단어들과 가장 잘 어울리는 얼굴을 완성하도록 한다.

집단 토의 : 각 내담자들은 자신들이 그린 얼굴을 보여주고 완성된 말풍선을 읽는다. 집단에게 얼굴과 말풍선의 단어에 대한 의견을 말해보도록 요청한다.
치료사는 내담자들이 다른 사람의 감정을 탐색할 수 있도록 도와준다. 유사점과 차이점을 비교한다. 몇몇 경우에서, 내담자들은 집단이 해결해 주도록 도울 수 있는 문제들을 표현하게 될 것이다.
내담자들은 이 작업을 수행하기 위해서 추상적으로 생각할 수 있는 능력이 필요하다. 이 작업은 집단의 초기에 자기 노출을 용이하게 하는데 효과적이다.

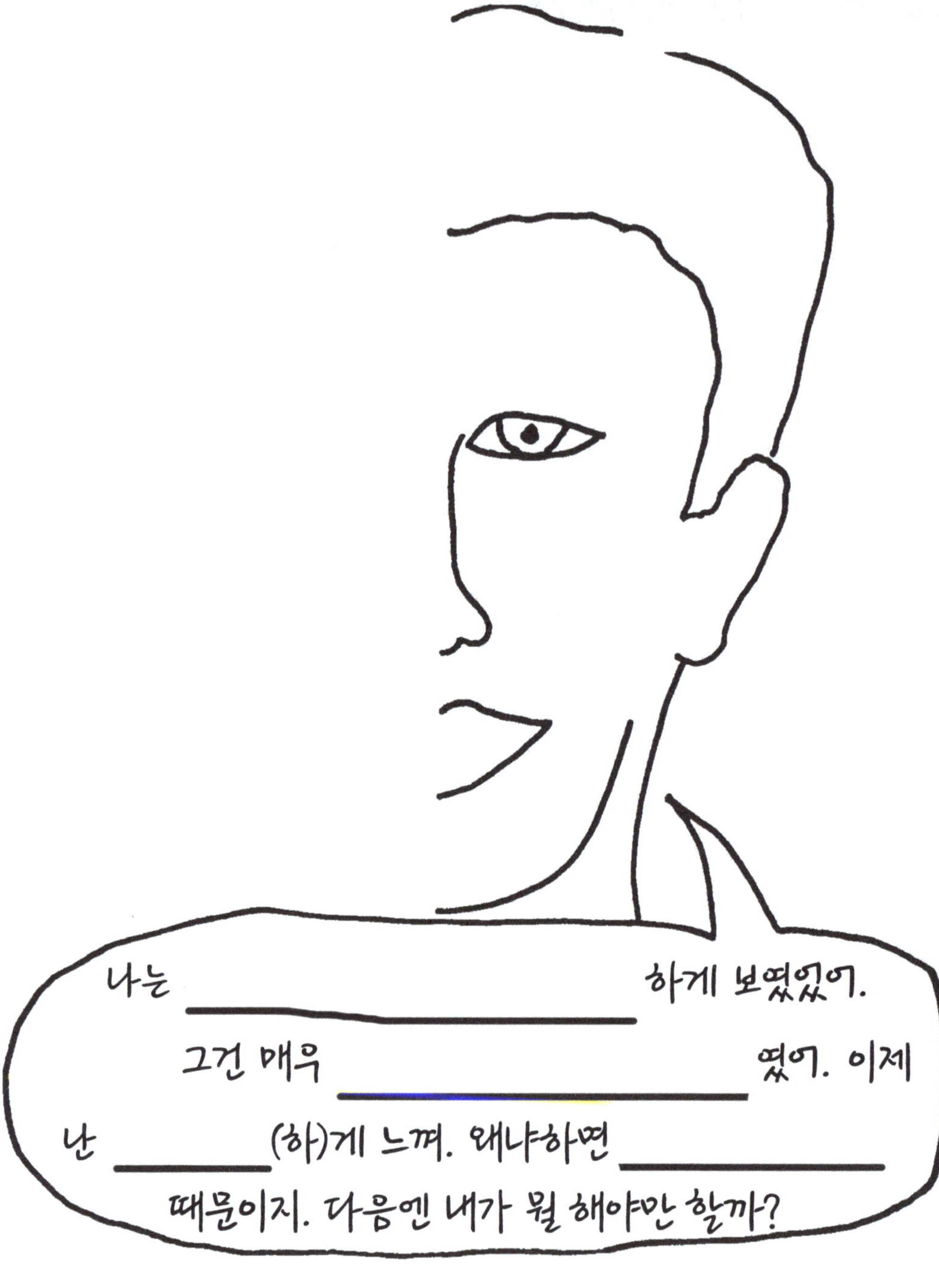
나는 ____________ 하게 보였었어.
그건 매우 ____________ 였어. 이제
난 ________(하)게 느껴. 왜냐하면 ____________
때문이지. 다음엔 내가 뭘 해야만 할까?

제 18장

잡지표지(MAGAZINE COVER)

목적 : 1. 서로가 관심과 흥미를 가지는 주제에 대해 알아감으로써 집단 응집력을 증진시키기.

2. 아이디어의 자유로운 교환을 통해서 서로의 시각을 나누기.

재료 : 각 내담자를 위한 복사된 삽화지 한 장; 크레파스 혹은 마커 펜.

설명 : A. 내담자들은 편집자가 잡지 표제지의 내용을 어떻게 선택하는지 집단 원들과 함께 알아본다.

B. 재료를 나누는 동안, 치료사는 내담자들에게 여러 사람이 흥미를 가질만한 기삿거리에 대해 생각해 보도록 이야기 한다.

C. 내담자들은 잡지의 표제지에 그 장면을 그린다.

D. 그림이 완성되면, 각각의 내담자는 그림과 연관된 주요 제목을 적어 넣는다.

집단 토의 : 각 내담자는 자신의 기사를 설명한다. 내담자들은 각자의 이야기가 자신의 삶에 어떠한 영향을 줬는지 토의한다. 몇몇 집단에서는 사실적인 기사가 나올 수도 있으며, 이런 경우에는 최근 일어난 사건에 대해 토의하도록 진행될 것이다. 다른 집단에서는 내담자들이 그들의 개인적인 관심과 연관된 상황들을 이야기할 것이다.
이 작업은 여러 방향으로의 해석이 가능하기 때문에 집단 발달의 단계와 무관하게 모든 형태의 집단에서 효과적이다.

변형 : 각각의 내담자는 자신의 삶에 중대한 영향을 끼친 과거에서 실질적인 기삿거리를 다시 만들어 낸다.

Exercise 18

내셔날 1000원

스펙테이터

미국 내 최대 판매 부수

제 19장

지니와 세 가지 소원(GENIE WITH THREE WISHES)

목적 : 1. 개인의 욕구를 나타내는 환상을 함께 나누기.

2. 공통된 흥미를 재인식하는 과정을 통해 보편성을 표현하기.

재료 : 각 내담자를 위한 복사된 삽화지 한 장; 크레파스 혹은 마커 펜.

설명 : A. 치료사는 자신과 타인들의 소원이 가지는 차이점에 대해 집단과 함께 탐색한다.

B. 재료를 나누는 동안, 치료사는 내담자들에게 세 가지 소원을 들어주는 거인 지니를 상상하게 한다.

C. 각 내담자들은 자신의 소원을 지니가 내뿜는 연기에 그린다.

집단 토의 : 참가자들은 그들의 소원에 대해 이야기 한다. 치료사는 내담자들로 하여금 이들 세 가지 소원이 만약 이루어진다면 자신들의 인생이 어떻게 변화되었을지 서로에게 물어보도록 격려한다. 공통된 주제에 초점이 모아진다. 내담자들은 왜 공통된 소원을 가지게 되는지에 대해 토의한다. 흔히 돈이나 옷에 대한 욕구처럼 기본적인 생활과 관련된 소원일 경우가 많다.

이 작업은 집단 발달의 단계와 상관없이 여러 형태의 집단에서 효과적이다.

변형 : 내담자들은 돈이나 옷과 같은 유형의 것보다는 유머 감각이나 더 많은 인내심과 같은 개인적인 특성을 소원해 본다.

세가지 소원

제 20장

빈 방(THE EMPTY ROOM)

목적 : 1. 대인관계 학습하기; 타인의 시선으로 자기 자신을 바라보기.
2. 집단 기술을 강화시키기 위해 공통된 주제에 초점을 맞추기.
3. 타인의 욕구와 관심에 반응하기.

재료 : 각 내담자를 위한 복사된 삽화지 한 장; 볼펜, 연필, 크레파스 혹은 마커 펜.

설명 : A. 치료사는 인간의 다양한 욕구에 대해 내담자들에게 질문한다.
B. 동시에, 빈 방이 그려진 삽화지를 내담자들 중 한 명에게만 나누어 준다.
C. 삽화지를 받은 내담자는 그 방안에서 내담자를 편안하게 하고 이완되게 만들거나 행복하게 만들 만한 한 가지 물건을 그린다.
D. 그리고 난 후, 그 삽화지를 옆 사람에게 전달하고 그는 이전의 내담자를 행복하게 하는 것이 무엇일지 생각하여 그것을 그려 넣는다.
E. 각 구성원들이 처음 시작한 내담자를 위한 물건들을 다 채워 넣을 때까지 삽화지를 차례로 돌린다.
F. 집단이 각 구성원 모두를 위한 방을 완성할 때까지 이 과정을 반복한다.

집단 토의 : 치료사는 내담자들로 하여금 다른 사람들이 그림을 그릴 수 있는 공간을 생각하여 너무 크게 그리지 않도록 상기시킨다.
내담자들은 그들이 그린 것이 무엇을 추가한 것인지 이야기한다. 전체 집단에게 한 번에 한 내담자의 방에만 집중하도록 요청한다. 치료사는 더해서 그려진 각 항목에 대해 내담자들이 서로 질문할 수 있도록 격려한다. 각 내담자의 방이 만들어지는 동안, 처음 시작한 내담자는 추가된 각 항목들이 자신에게 중요한지 여부를 이야기한다.
이 작업은 서로에 대해 어느 정도 친밀함이 있고 서로의 욕구에 대한 통찰 능력이 있는 집단에게 효과적이다.

Exercise 20

제 21장

나 자신 바꾸기(CHANGING MYSELF)

목적 : 1. 자신의 취약점을 재인식하는 긍정적인 결과로 자기 성장을 도모하기.
2. 집단 피드백을 자기 평가에 반영하기.
3. 인생의 더 많은 면들을 조절하기 위해 우리의 잠재력을 재인식하기.

재료 : 각 내담자를 위한 복사된 삽화지 한 장; 크레파스, 볼펜 그리고 연필.

설명 : A. 자기 자신의 성격이 변화될 가능성에 대해 집단 토의를 유도한다.
B. 재료를 나누는 동안, 치료사는 내담자들로 하여금 다른 누군가를 위해 자신의 성격 일부분을 바꾸는 상상을 해보도록 이야기 한다.
C. 빙 둘러앉아서 각각의 내담자는 버리고 싶은 성격 특성과 필요로 하는 성격 특성을 그려본다.
D. 말풍선 안에 각 그림을 설명하는 문장을 적어 넣고 마무리한다.

집단 토의 : 각 참가자들은 자신이 완성한 말풍선 안의 문장들을 읽고 동시에, 그린 그림을 보여준다. 치료사는 참가자들로 하여금 그런 변화를 생각하게 된 이유에 대해 보다 자세히 탐색해 보도록 격려한다. 연관된 감정들도 함께 나누어 본다. 내담자들은 바람직한 변화를 위해 서로를 어떻게 도울 수 있는지에 초점을 맞춘다.
일반적으로 내담자들은 서로를 위해 격려하고 공감을 표시한다. 이것은 내담자들이 그들 자신에 대해 좀 더 좋은 느낌을 느끼게 하고 자신의 잠재력을 재인식하도록 돕는다.
이런 작업은 잘 통합되어지고 추상적인 생각을 할 수 있는 집단을 위해 고안되었다.

Exercise 21

제 22장

전화 걸기(THE TELEPHONE CALL)

목적 : 1. 비판적이지 않은 방식으로 일대일 대인관계 능력을 향상시키기.
2. 서로의 문제를 해결하는 과정에서 일어나는 일들을 경험해 보기.

재료 : 각 내담자를 위한 복사된 삽화지 한 장; 실, 잡지, 가위, 풀, 볼펜 그리고 연필.

설명 : A. 치료사는 전화를 할 때 가능한 여러 종류의 대화에 대해 내담자들에게 물어본다.
B. 내담자들을 한 쌍으로 나눈다. 전화기가 그려진 용지를 나누어 준다.
C. 각 전화기를 줄이나 실을 통해 상대방의 전화기와 연결한다.
D. 각 파트너는 함께 잡지를 훑어보고 전화 통화를 나눌 만하다고 생각하는 두 사람의 사진을 선택한다. 나누어 준 종이 위에 선택한 두 사람의 사진을 오려 붙인다.
E. 각 파트너는 무엇에 관해 대화를 나누고 있는지 결정하고 전화가 그려진 종이 위에 짧은 설명의 글을 적어본다.

집단 토의 : 각 파트너는 집단 원들에게 그들의 글을 읽는다. 치료사는 구성원들로 하여금 이런 대화를 실제로 나눌 수 있는지 여부에 대해 이야기해보도록 격려한다.
다른 내담자들에게 그 전화가 어떻게 지속되고 끝날 것인지 제안해보도록 격려한다.
내담자들은 이 두 명의 통화자가 서로에 대해 어떻게 느끼고 있는지 생각해 보도록 한다.
이 작업은 집단의 특성에 따라 즐겁게 받아들여지거나 비밀스런 내용이 드러날 수도 있다. 이것은 비판적이지 않기 때문에 집단이 발달해가는 초기 단계 동안 매우 유용하다.

Exercise 22

제 23장

사진 앨범(PHOTO ALBUM)

목적 : 1. 개인 정보를 나누면서 내담자들 사이에 서로 어우러지는 분위기를 발전시키기.
2. 기억을 함께 나누고 경험을 비교해보기.
3. 다른 사람에 대한 이해와 수용의 폭을 넓히기.

재료 : 각 내담자를 위한 복사된 삽화지 한 장; 크레파스와 마커 펜.

설명 : A. 치료사는 내담자들에게 삶에서 사진이 차지하는 중요성을 이야기해 보도록 요청한다.
B. 각 내담자에게는 사진 앨범 한 쪽을 나타내는 삽화지가 주어진다.
C. 내담자들은 함께 사진의 제목을 읽는다.
D. 치료사는 내담자들이 네 장의 사진에 그림을 그려 넣도록 요청한다.

집단 토의 : 각 내담자는 집단과 함께 자신의 "사진"에 대해 토의하고 이와 연관된 감정을 표현한다. 치료사는 질문이 오가도록 격려하고 사진의 선택에 있어 어떤 유사성과 차이점이 있는지 기록해 둔다.

치료사는 내담자들에게 그들의 삶에서 이 사진들이 가지는 중요성이 무엇인지 확장시켜 생각해 보도록 요청한다. 몇몇 집단은 앨범을 만들기 위해 함께 사진을 선별하고 싶어 한다. 토의는 과거를 회상하는 방향으로 점점 변해간다.

이 작업은 폭넓은 다양성을 지닌 집단에서 효과적이며 비판적이지 않기 때문에 집단 발달의 초기 단계 동안 매우 유용하다.

________________의 사진첩

내가 가장 좋아하는 동물

내가 제일 좋아하는 곳

좋은 사람

내게 특별한 물건

제 24 장

이중노출(DOUBLE EXPOSURE)

목적 : 1. 지시를 따라가고 과제를 완성하기.

2. 관점을 함께 이야기 나눔으로써 상호작용을 증진시키기.

재료 : 내담자의 반을 위한 복사된 색 도표 용지와 나머지 반을 위한 복사된 삽화지(설명 참조); 크레파스.

설명 : A. 두 장의 삽화지와 두 장의 색 도표지가 이 작업에 사용된다.

B. 치료실 안의 인원을 두 팀으로 나눈다. 각 팀의 모든 구성원들은 같은 그림의 삽화지를 갖는다.

C. 각 팀의 절반은 숫자로 표시된 색 도표지를 갖는다. 나머지 절반은 문자로 표시된 색 도표지를 갖는다.

D. 구성원들은 색 도표의 코드에 맞춰 삽화지에 색칠하도록 교육받는다.

집단 토의 : 집단 원들의 토의는 먼저 다양하게 그려진 그림에 초점을 둔다. 그리고 난 뒤, 내담자들이 다양한 그림에 대해 내린 서로 다른 해석을 말로 표현하도록 격려한다. 내담자들은 각각의 그림에 있는 사람이 그들의 상황에 대해 어떻게 느낀다고 생각하는지 이야기하도록 요청받는다.

이 작업에서 가능한 한 가지 결과는 집단 구성원들이 자신들의 그림에 관해 이야기를 만들어 낼 수 있다는 점이다. 이것은 개인적으로 혹은 팀을 짜서 해 볼 수도 있다.

이런 작업은 어떤 형태의 집단에서든 효과적이며 집단 발전의 모든 단계에서 이용될 수 있다.

문자로 된 색 도표

(모든 숫자들을 무시하고 이 도표를 사용한다.)

Y = 노란색
W = 하얀색
U = 파란색
B = 갈색
K = 검정색
R = 빨강색
P = 분홍색
G = 초록색
N = 주황색

숫자로 된 색 도표

(모든 문자들을 무시하고 이 도표를 사용한다.)

1 = 노란색
2 = 하얀색
3 = 파란색
4 = 갈색
5 = 검정색
6 = 빨강색
7 = 분홍색
8 = 초록색
9 = 주황색

*For Exercise 24

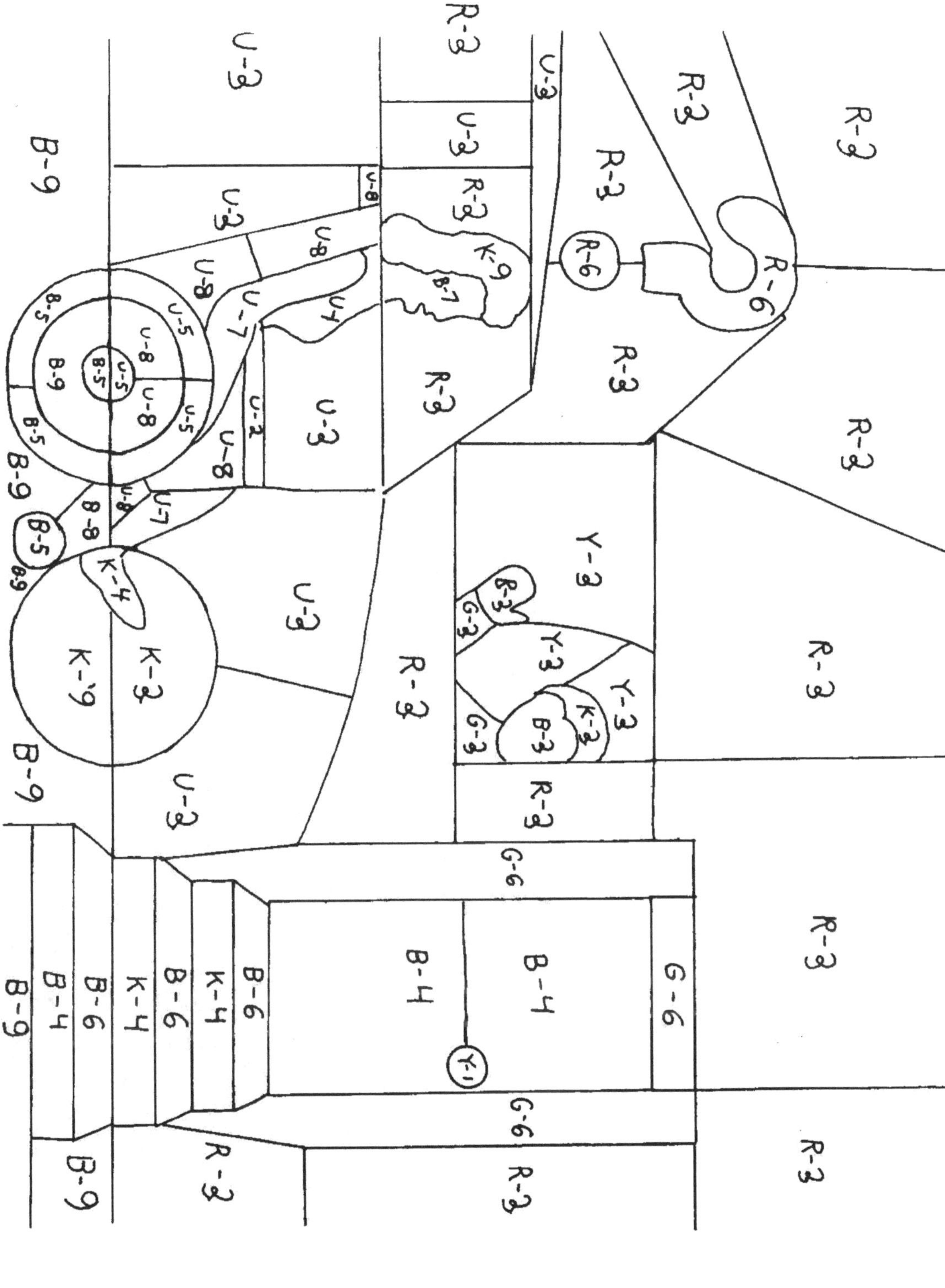

Exercise 24b

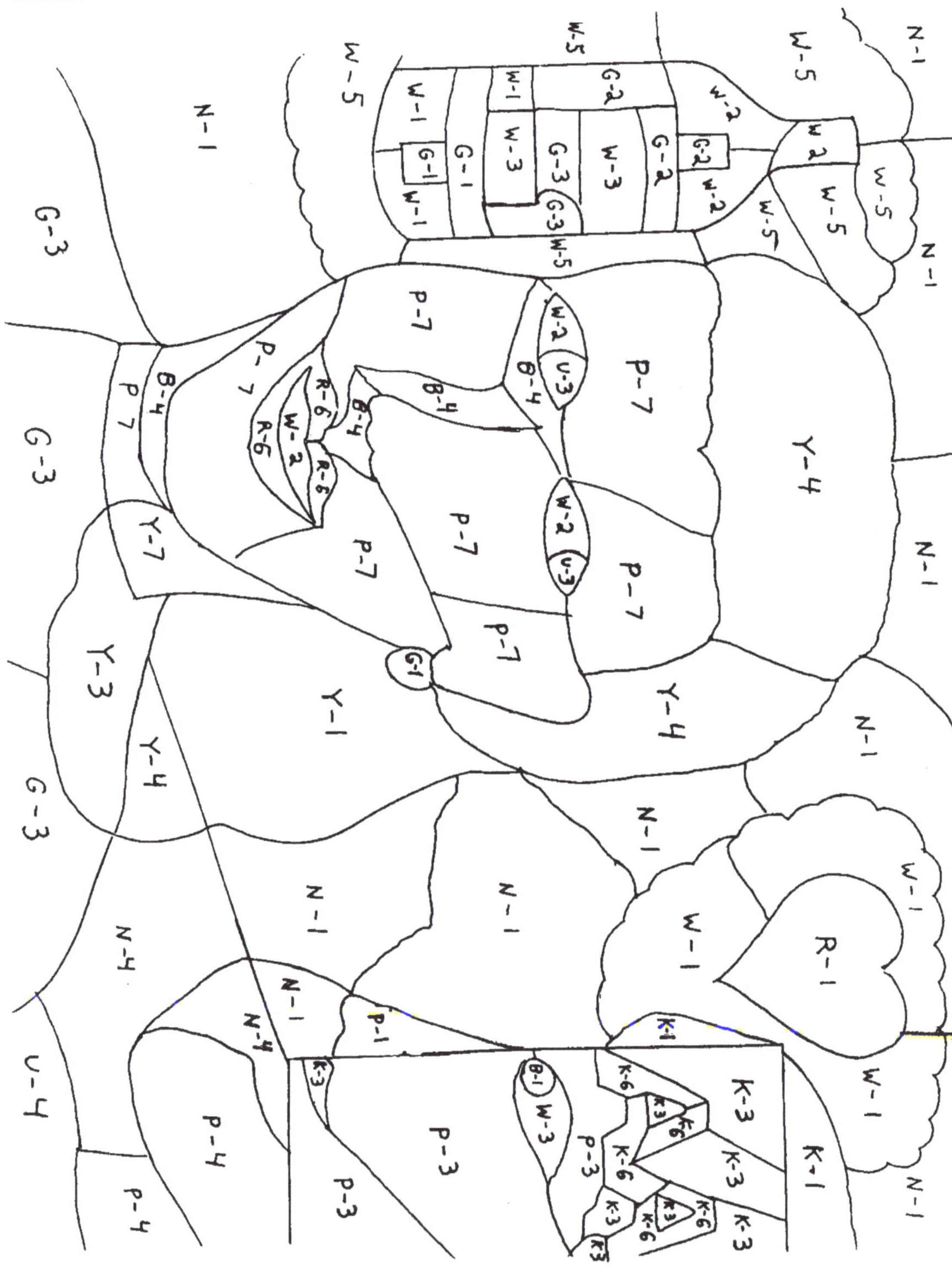

제 25장

백지수표(THE BLANK CHECK)

목적 : 1. 관심이 가는 주제를 알아보기 위해 열린 의사소통의 기회를 제공하기.
2. 다른 사람의 욕구를 인식하고 이해하기.
3. 서로에 대한 연대감을 공고히 하고 지지하는 관계가 됨으로써 집단의 정체성과 응집력을 향상시키기.

재료 : 각 내담자를 위한 복사된 삽화지 한 장; 크레파스나 마커 펜.

설명 : A. 치료사는 백지수표가 그려진 삽화지를 들어 그것이 통상적인 환상과 어떻게 연결될 수 있을지 질문한다.
B. 각 내담자에게 백지수표가 그려진 삽화지를 나누어준다.
C. 내담자들은 자신의 이름과(_____에게 지불), 정서적인 욕구(_____기분을 위해), 그리고 이런 욕구를 해결하기 위해 쓰고 싶은 양 만큼의 액수를 빈칸에 채워 넣는다.
D. 종이를 모은 뒤 다시 섞어서 각자 다른 사람이 기입한 백지수표를 고르게 한다.
E. 자신이 고른 종이를 읽으면서 내담자들은 사람들이 자신의 정서적인 욕구를 어떻게 채워 넣고자 했는지에 대해 실질적인 연상을 떠올려 본다.
F. 완성된 삽화지는 다시 그 이름이 적힌 구성원에게 돌려준다.

집단 토의 : 내담자들은 전체 집단 구성원에게 수표에 기입된 개인적인 욕구를 나타냄으로써 서로가 관심을 가지고 있는 주제에 대해 알아간다. 치료사는 각 구성원들로 하여금 다른 구성원이 가지는 욕구의 중요성을 탐색하도록 격려한다. 추가해서, 각 구성원들은 집단 원으로서 서로의 욕구를 채워주도록 도울 수 있는지 여부를 토의한다.
수표라는 착상 자체가 흔히 물질적인 욕구에 대한 생각으로 내담자들을 이끈다. 치료사는 내담자들로 하여금 정서적인 욕구에 대해 생각해 보도록 상기시킨다. 이런 작업은 집단 발달의 단계와 상관없이 다양한 집단에서 시도될 수 있다.

변형 : 치료사는 백지수표에 내담자들의 이름을 써넣는다. 이것을 무작위로 흩어놓는다. 각 내담자는 이름이 적힌 사람의 욕구가 무엇인지에 대해 생각해 보고 그것을 기입한 후 수표에 그 액수를 적어 넣는다.

Exercise 25

708- B76- 00871-22

NO. 555

_____년___월___일

_______________________에게

금액 _______________________

한국은행

_______________한 기분을 위해 **서명** _______________

제 26장

문을 열어라(OPEN THE DOOR)

목적 : 1. 환상에 대한 이야기를 나눔으로써 자기와 타인에 대해 높아진 인식을 증진시키기.
2. 개인적인 기대감은 자신의 어떤 점을 드러내는지 탐색하기.
3. 상호간의 자기노출을 통해 집단 응집력을 발달시키기.

재료 : 연하장처럼 문의 경첩부위에서 반절로 접혀있는 복사된 삽화지 한 장; 연필, 볼펜 그리고 크레파스.

설명 : A. 치료사는 반절로 접혀진 삽화지를 들고 이것을 가지고 무엇을 할지 각자 생각한 것에 대해 이야기 나누도록 요청한다.
B. 재료를 나누어 주는 동안, 치료사는 내담자들에게 닫힌 문 뒤에서 무엇을 발견할 수 있을지, 기대하는 것을 머릿속에 그려보도록 말한다.
C. 내담자들은 접혀진 페이지 안쪽에 자신들이 기대하는 것을 그려본다.

집단 토의 : 각 내담자는 자신이 그린 것을 보여주고 왜 그것을 그리게 되었는지 설명한다. 치료사는 구성원들에게 이런 기대감이 무엇을 나타내고 있는지 탐색해 보도록 요청한다. 구성원들은 이것이 각 내담자에 관해 무엇을 말하고 있는지 논의한다. 치료사는 내담자의 불쾌한 기대감이 드러날 때 서로에게 지지적이 되도록 다른 구성원들을 격려한다.

이런 작업에 대한 반응은 다양하고 예측하기 힘들지만 흔히 서로에 대한 무언가 새로운 것들이 표현되기도 한다.

이 작업은 어떤 집단에서도 유용하게 이용될 수 있는데 왜냐하면 이것이 여러 방향에서 해석될 수 있기 때문이며 집단 발달의 모든 단계에서 효과적이다.

Exercise 26

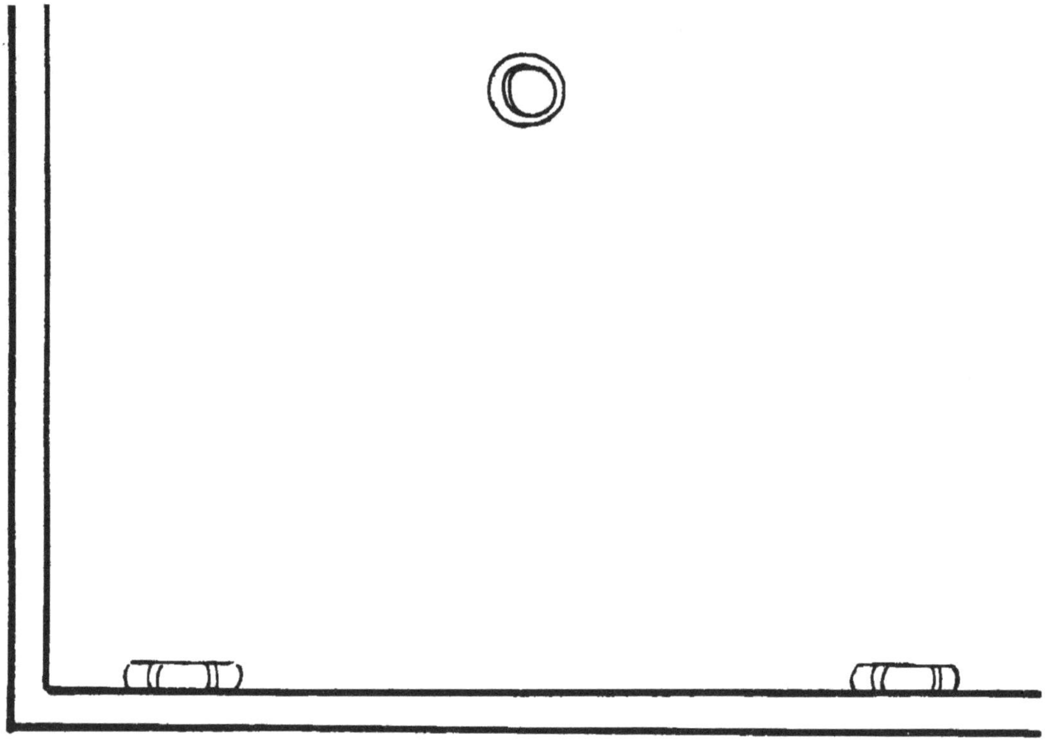

제 27장

손 마주잡기(HAND HOLDING HAND)

목적 : 1. 비판적이지 않은 방식으로 자기 노출과 일대일 상호작용을 격려하기.
2. 위험 감수를 통해 신뢰를 증진시키기.
3. 다른 사람을 이해하고 수용하는 능력을 향상시키기.

재료 : 각 내담자를 위한 복사된 삽화지 한 장; 크레파스나 마커 펜.

설명 : A. 치료사는 두 집단의 내담자들이 나머지 집단 원 앞에서 서로 편안하게 이야기 나눌만한 분위기를 어떻게 만들 수 있을지에 대해 토의를 하도록 이끈다.
B. 내담자들의 이름을 종이에 적어 "모자" 안에 넣는다. 각 내담자는 이름이 적힌 종이 하나를 모자에서 꺼낸다.
C. 내담자들에게 "손을 맞잡고 있는" 삽화지를 나누어 준 다음 한 쪽엔 자기 자신을 그리고 다른 한 쪽엔 모자 안에서 선택한 사람을 그려보도록 한다.

집단 토의 : 각 내담자는 선택된 사람이 자신에 대한 어떤 것을 드러내도록 요청한다. 그리고 난 후, 선택된 사람은 자신을 뽑은 내담자에게 개인적인 무엇인가를 표현한다. 치료사는 표현한 것에 대해 좀 더 질문을 해 보도록 그들을 격려한다.
대화는 집단 앞에서 이루어진다. 집단원은 각 대화로부터 무엇을 얻었는지 언급한다.
또 다른 대화가 이어지면서 흔히 그 집단의 분위기는 더 안전하게 느껴지고 나머지 구성원들은 자기 노출의 위험성을 기꺼이 더 감수하고자 한다. 이 작업은 좀 더 통찰력을 가지고 있는 집단과 집단 발달의 후기 단계에서 가장 훌륭하게 활용된다.

Exercise 27

제 28장

집단 콜라주(GROUP COLLAGE)

목적 : 1. 업무 수행과 의사 결정하는 데 있어 집단 기술을 강화시키기.
2. 집단 역동을 보다 잘 이해하기 위해서 집단 경험을 반영하기.

재료 : 가위, 잡지, 커다란 오크재질의 꼬리표지, 풀.

설명 : A. 치료사는 내담자들에게 콜라주 작업을 할 것이라고 말한다. 이런 콜라주 작업은 특별한 주제를 담은 잡지 사진을 모아 붙이는 것이다.
B. 내담자들에게 주제를 선택하도록 요청한다. 사랑, 음식, 자연, 가족 혹은 스포츠와 같은 몇몇 예시를 들어준다.
C. 내담자들에게 잡지를 주고 주제를 담고 있는 사진을 오려 내도록 요청한다.
D. 내담자들은 이들 사진을 어떻게 배열할 것인지 결정한다.

집단 토의 : 치료사는 내담자들에게 왜 그런 주제가 선택되었는지 이야기해 보도록 요청하고 왜 그 사진을 골랐는지 함께 토의하게 한다. 치료사는 그 집단이 자신들의 역동에 대해 돌아볼 수 있도록 돕니다. 집단 원들은 이 작업의 리더가 된 사람에 대해 다른 구성원들이 고르게 지지했는지 여부를 알아본다. 그리고 집단 과제를 수행하는데 있어 그들이 어떻게 느꼈는지에 대해 살펴본다.
집단 역동을 탐색하는 것이 이 작업의 가장 중요한 결과물이다. 집단 발달 단계와 상관없이 다양한 집단에서 이 작업은 효과적임을 알 수 있다.

변형 : 선택된 주제를 다루는데 있어 구성원을 팀별로 나누어보라.

제 29장

사실이나 환상에 대한 단어들(WORDS FOR FACT OR FANTASY)

목적 : 1. 비판적이지 않은 방식으로 의사소통을 하기 위한 기회 제공하기.
2. 과제 완성을 위한 책임감 나누기.

재료 : 각 내담자를 위한 복사된 삽화지 한 장; 크레파스, 연필, 볼펜.

설명 : A. 한 단어가 어떻게 각기 다른 사람들에게 다른 의미를 가질 수 있는지에 대해 짧은 토의를 나누도록 한다.
B. 각 내담자에게 삽화지를 나누어주고 자신에게 특별한 의미를 가지고 있는 단어를 써 보게 한다. 치료사는 종이를 모아서 잘 섞은 후 무작위로 다시 나누어 준다.
C. 각 내담자는 종이에 적힌 단어와 상응하는 그림을 그린다.
D. 그리고 난 후, 종이를 다시 섞고 무작위로 나누어 준다. 각 내담자는 자기가 받은 단어와 삽화에 대해 간략한 이야기를 적어본다. 이런 이야기는 사실이나 환상에 근거를 둘 수 있다.

집단 토의 : 내담자들은 서로 번갈아 가면서 그들이 받은 단어와 그림을 설명한다. 그리고 난 후, 이와 동반된 이야기를 읽는다.
내담자들은 그 이야기가 사실인지 혹은 거짓이라고 믿는지 여부에 대해 언급한다.
내담자들은 전 단계에서 다른 사람이 완성한 것을 근거로 하는 과제를 수행한다는 것이 어떤 느낌인지 탐색해 본다.
이런 작업은 어느 정도 추상적으로 생각하는 능력을 가진 내담자들에게 가장 적합하다.
이것은 집단 발달의 모든 단계에서 효과적이다.

사실 혹은 환상?

① 단어

② 그림

③ 이야기

제 30장

얼굴 마주하기(FACE TO FACE)

목적 : 1. 얼굴 표정은 사람이 느끼는 것을 어떻게 반영하는지 알아보기.
2. 기분과 정서를 일으키는 원인과 그 적절성에 대해 인식하기.

재료 : 각 내담자를 위한 복사된 삽화지 한 장; 크레파스, 마커 펜.

설명 : A. 초기 토의는 얼굴 표정이 어떻게 감정을 드러내는지에 초점을 맞춘다. 내담자들은 다양한 표정을 지어본다.
B. 참가자들에게 삽화지를 나누어주고, 사람의 기분과 감정을 표현하는 얼굴을 그려보게 한다.
C. 각 내담자는 종이의 뒷면에 그러한 정서를 일으키게 된 경험을 그리거나 적어 보도록 한다.

집단 토의 : 집단 원들은 각 내담자들이 그린 것들을 살펴본다. 그들 모두는 각 얼굴이 나타내는 기분을 추측해 보고 그 얼굴이 왜 그런 기분을 나타내는지 이야기를 나눈다. 치료사는 얼굴을 그린 내담자에게 그가 그린 얼굴의 진짜 감정은 어떤 것인지 말해보도록 격려한다.

그런 기분을 일으킨 사건에 대해서도 이야기를 나누도록 토의를 확장시킨다. 내담자들은 묘사된 사건을 고려해서 그것이 적절하게 느낀 감정인지에 대해 토의를 나눈다.

흔히, 내담자들은 그 순간에 느낀 자신의 감정에 대해 남 탓을 한다. 이런 작업을 통해 그들은 비판적이지 않은 방식으로 이에 대해 의견을 나눌 수 있다.

이 작업은 어느 정도 통찰을 가지고 있고 추상적으로 생각하는 능력을 가진 집단에서 효과적이다. 이것은 집단 발달의 모든 단계에서 유용하다.

Exercise 30

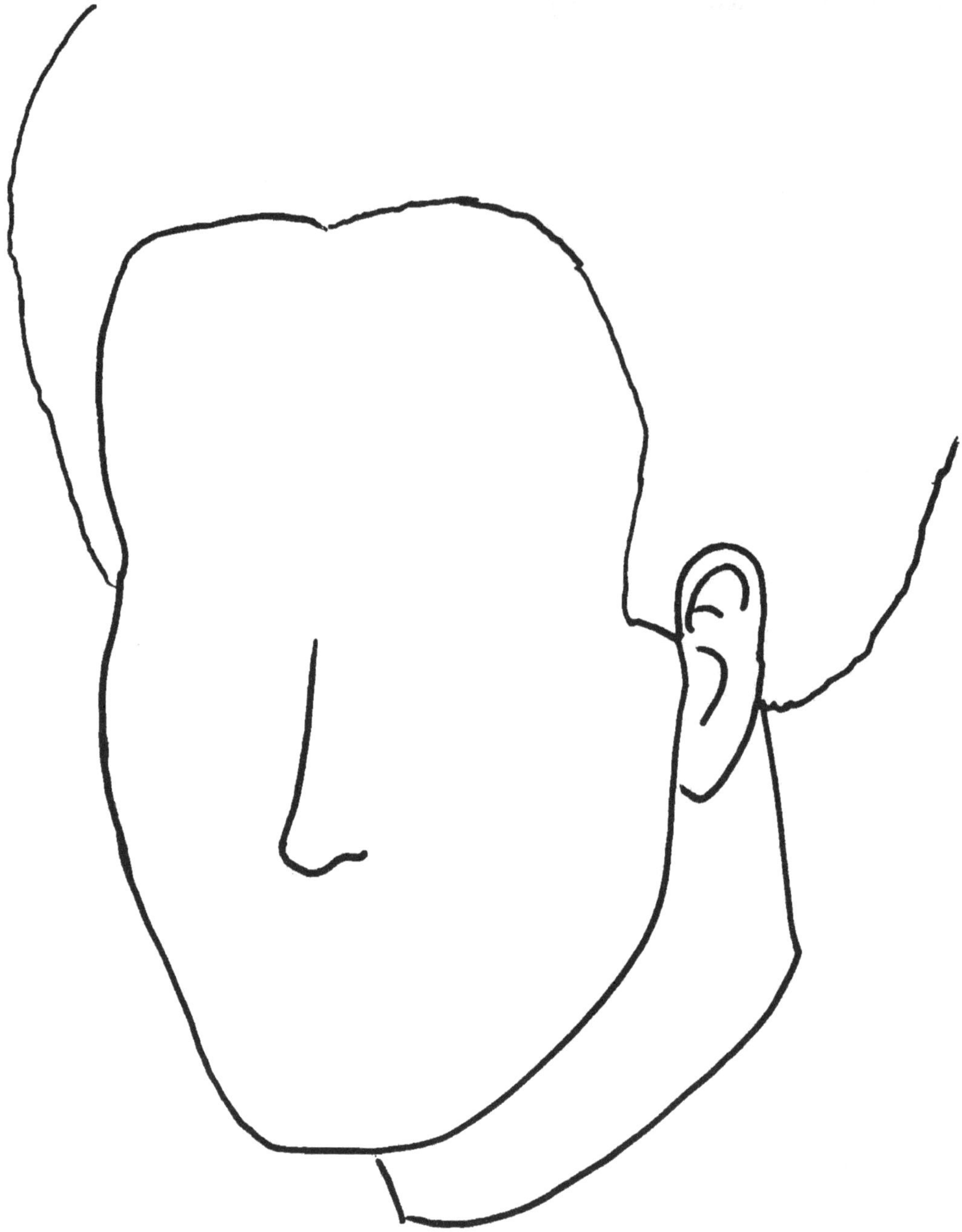

제 31장

서랍(THE DRAWER)

목적 : 1. 중요한 물건의 선택을 통해 자기 자신 드러내기.
2. 다른 사람의 욕구를 인식하기.

재료 : 각 내담자를 위한 복사된 삽화지 한 장; 크레파스 혹은 마커 펜.

설명 : A. 치료사는 내담자로 하여금 어떤 물건이 각자에게 특별한 감정적 가치를 가지는 이유에 대해 토의하게 하면서 작업을 시작한다.
B. 재료를 나누는 동안, 치료사는 내담자들에게 자신만의 중요한 혹은 보물 같은 소유물에 대해 생각해보라고 말한다.
C. 내담자들은 열린 서랍 안에 이 소유물들을 그려 넣도록 한다.

집단 토의 : 각 내담자는 자신이 그린 것을 보여주고, 선택된 소유물들에 대해 설명한다. 그리고 왜 그것들이 특별한 중요성을 갖는지 이야기한다. 치료사는 내담자들로 하여금 서로의 그림에 뭔가를 더 그려 넣게 하고 그 소유물들이 가질만한 중요성에 대해 설명하도록 격려한다.

흔히, 선택된 소유물들은 즉각적인 욕구나 특별한 기억과 연관되어 있기 때문에 토의 내용이 더 발전되어 나아간다.

이 작업은 열린 형식으로 진행하기 때문에 집단 발달의 단계와 상관없이 다양한 집단에서 효과적이다.

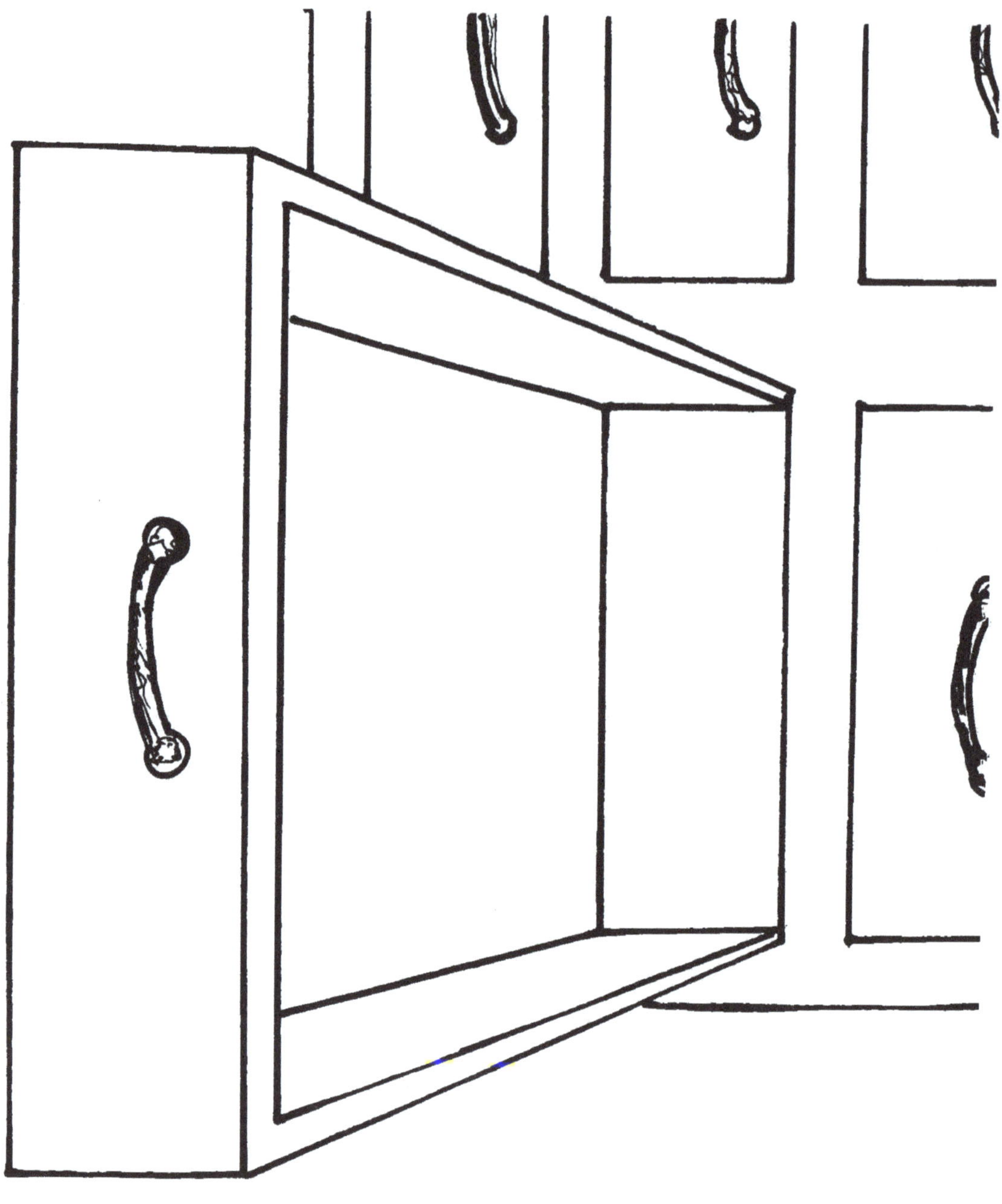

제 32장

계산대(THE CHECKOUT LINE)

목적 : 1. 서로의 욕구에 대해 인식하기.
2. 금전 다루는 기술을 증진시키기.
3. 개인의 의사결정 기술을 고려하여 집단 피드백에 대한 수용성을 향상시키기.

재료 : 각 내담자를 위한 복사된 삽화지 한 장; 크레파스, 마커 펜.

설명 : A. 치료사는 어떤 물건들의 과거와 현재 가격을 비교하여, 현재 그 물건들 가격이 어떠한지 토의해 보도록 요청하면서 집단을 준비시킨다.
B. 재료를 나누는 동안, 치료사는 내담자들로 하여금 무엇을 사는데 돈을 소비하고 싶은지 생각해 보도록 요청한다.
C. 집단 원들은 각 내담자가 소비할 돈의 양을 결정한다.
D. 참가자들은 그들에게 할당된 양만큼의 돈을 가지고 살 수 있는 실질적인 구입품을 그린다.

집단 토의 : 각 내담자는 다른 내담자들에게 자신이 무엇을 구입했는지 보여준다. 내담자들은 자신들의 욕구을 나타내는 이 구입품들이 무엇인지 인지하도록 돕는다. 추가적으로, 치료사는 내담자들에게 선택된 구입품들이 실용적인 것인지, 사용해야 하는 주어진 돈의 양은 적절한지 묻는다. 피드백을 줌으로써 예산을 어떻게 세울 것인지 더 잘 이해할 수 있다.
이 작업은 집단 발달의 단계와 상관없이 다양한 집단에서 효과적이다.

변형 : 내담자들은 특별한 누군가에게 선물하고 싶은 상품을 그린다. 토의는 내담자들이 다른 사람의 욕구를 어떻게 평가하는지, 그리고 이 구입품들이 실용적인지, 써야 하는 돈의 양은 적절한지에 초점을 둔다.

Exercise 32

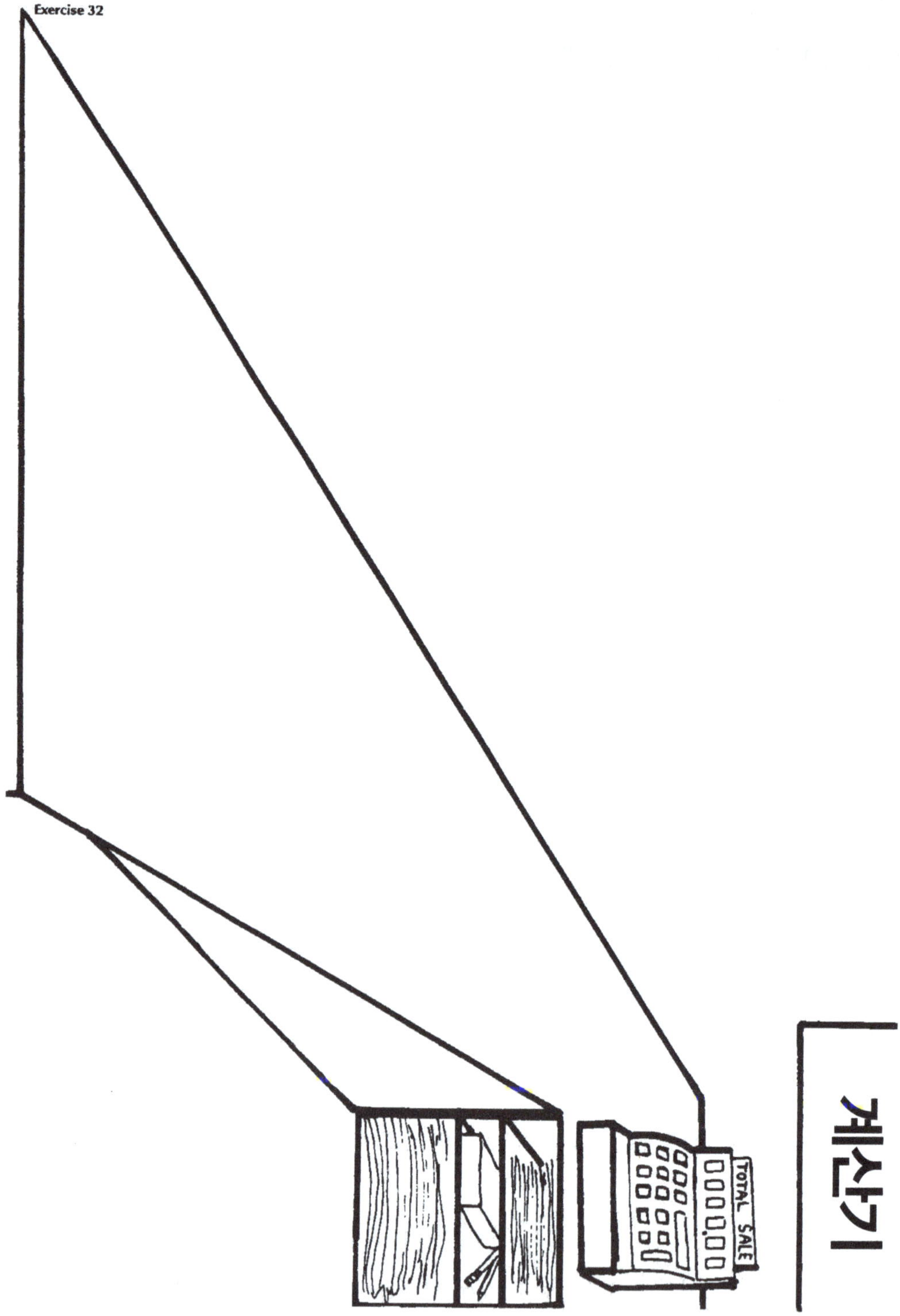

제 33장

커뮤니티룸에서 발견된 것(WHAT'S FOUND IN A COMMUNITY ROOM)

목적 : 1. 내담자들 사이의 공통된 결속력에 대한 인식을 촉진시키기.
2. 목표 설정과 과제 완성을 훈련하기.

재료 : 각 내담자를 위한 복사된 삽화지 한 장; 스카치 테이프, 크레파스 혹은 마커 펜.

설명 : A. 집단 원들은 그들 모두가 보통의 이야기를 나눌 수 있는 어떤 방들에 대해 토의한다. 그리고 난 후, 이 방들 중에서 이 작업에 이용할 만한 어떤 방 하나를 선택한다.
B. 재료를 나누는 동안, 치료사는 내담자들에게 커뮤니티룸에서 자신들이 경험했던 어떤 것을 설명해 보도록 한다.
C. 각자 삽화지 위에 떠오른 경험을 그려 넣는다.
D. 그림이 완성되었을 때, 이들 종이가 하나의 길다란 커뮤니티룸 모양을 하도록 서로 붙여서 연결한다.

집단 토의 : 치료사는 방이 그려진 종이의 한쪽 끝에서 시작하여 각 내담자가 자신이 그린 경험에 대해 설명해보도록 요청한다. 치료사는 각자의 설명에 대해 다른 구성원들이 피드백을 주도록 격려하고 내담자들 사이에 어떤 유사성이 있는지 발견하도록 돕는다.
내담자들이 자기들 사이에 존재하는 공동의 결속력을 더 잘 인식하기 위해 떠오른 경험에 대한 감정을 나누는 것이 중요하다.
이 작업은 다양한 기분과 감정이 묻어나 있는 다양한 경험들을 표현하도록 돕는다. 이 작업은 동거인들이나 입원환자들에게 가장 유용한데 왜냐하면 그들은 보통 많은 방들을 공유하기 때문이다.

Exercise 33

제 34장

꿈(THE DREAM)

목적 : 1. 각 개인의 중요한 관심사를 탐색하기.
2. 자신과 타인에 대해 더 많이 알기 위해 환상에 대한 이야기 나누기.
3. 공통된 두려움에 대해 확인하기.

재료 : 각 내담자를 위한 복사된 삽화지 한 장; 마커 펜이나 크레파스.

설명 : A. 치료사는 삽화지를 보여주고 무슨 작업을 하게 될 지 추측해 보도록 지시한다.
B. 재료를 나누는 동안, 치료사는 내담자들에게 현실적인 혹은 상상속의 꿈에 대해 이야기 해보도록 하여 그들의 마음속으로 들어간다.
C. 각 내담자는 삽화지에 꿈과 연관된 장면들을 그린다.

집단 토의 : 내담자들은 집단에게 자신의 삽화를 설명하고 그들에게 그것의 중요성을 표현한다. 꿈에 대한 자신의 기분을 설명하는 것 또한 중요하다. 치료사는 이렇듯 서로의 노출된 모습을 보면서 각자 무엇을 생각하는지에 대해 토의해 보도록 격려한다.
비록 꿈의 내용은 다양하지만, 치료사는 기저에 가지고 있는 내담자들의 공통된 두려움과 걱정을 인식해 보도록 격려한다. 흔히 보이는 결과는 내담자들이 실질적인 꿈들에 대해 이야기 나누는 쪽을 선택한다는 것이다.
이런 작업은 다양한 방향에서 해석될 수 있다. 이것은 집단 발달의 단계와는 상관없이 폭넓은 다양한 집단에서 유용하다.

Exercise 34

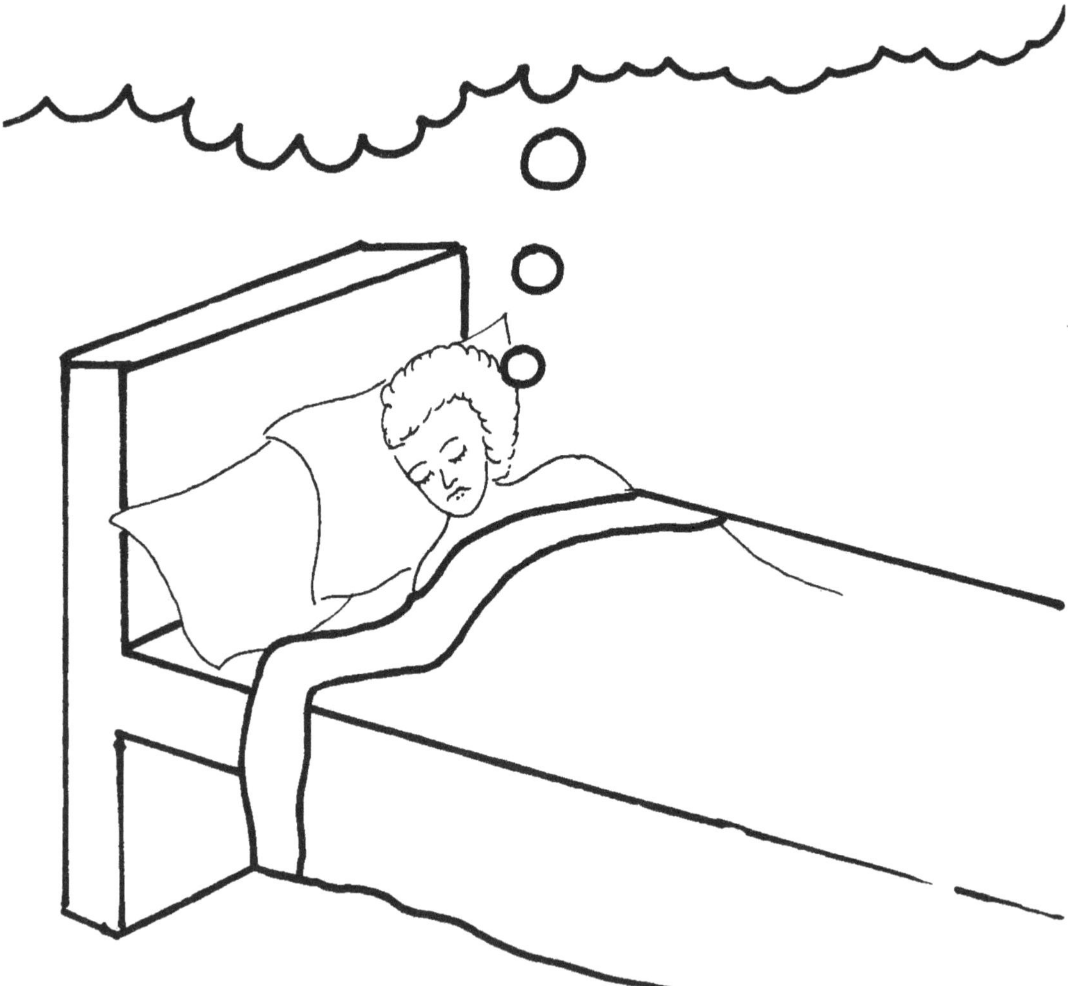

제 35장

2인 1조 방식(THE BUDDY SYSTEM)

목적 : 1. 일대일 상호작용을 통해 자기 노출을 격려하기.
2. 지시를 따라하고 과제를 함께 완성하기.
3. 타인에 대한 이해와 수용성을 넓혀가기.

재료 : 각 내담자를 위한 복사된 삽화지 한 장; 볼펜, 연필 그리고 크레파스.

설명 : A. 내담자들은 서로를 더 잘 알게 되는 것에 대한 느낌을 나누도록 한다.
B. 참가자들을 한 쌍씩 나누고, 제공된 삽화지의 적절한 부분에 자신과 파트너를 그려본다.
C. 참가자들은 서로 자신들이 오늘 어떤 기분인지 이야기를 나눈다.
D. 참가자들은 제공된 용지위에 자신의 느낌 뿐 아니라 다른 파트너의 기분에 대해서도 묘사해 보도록 한다.

집단 토의 : 각 쌍의 파트너들은 서로에 대해 무엇을 발견했는지 설명한다. 그리고 난 뒤, 그들이 그린 것을 나누고 서로에게 그런 느낌을 주게 된 이유가 무엇인지 이야기를 나눈다. 치료사는 다른 내담자들로 하여금 설명된 그 느낌이 얼마나 정확한 것 같은지 말해 보도록 격려한다. 내담자들 사이에서 촉발된 불안한 감정들이 있으면 이것은 탐색 되어야만 한다.
이런 작업은 어느 정도 신뢰가 형성되어있는 집단을 위해 고안되었으며 집단 발달의 후기 단계에서 사용될 수 있다.

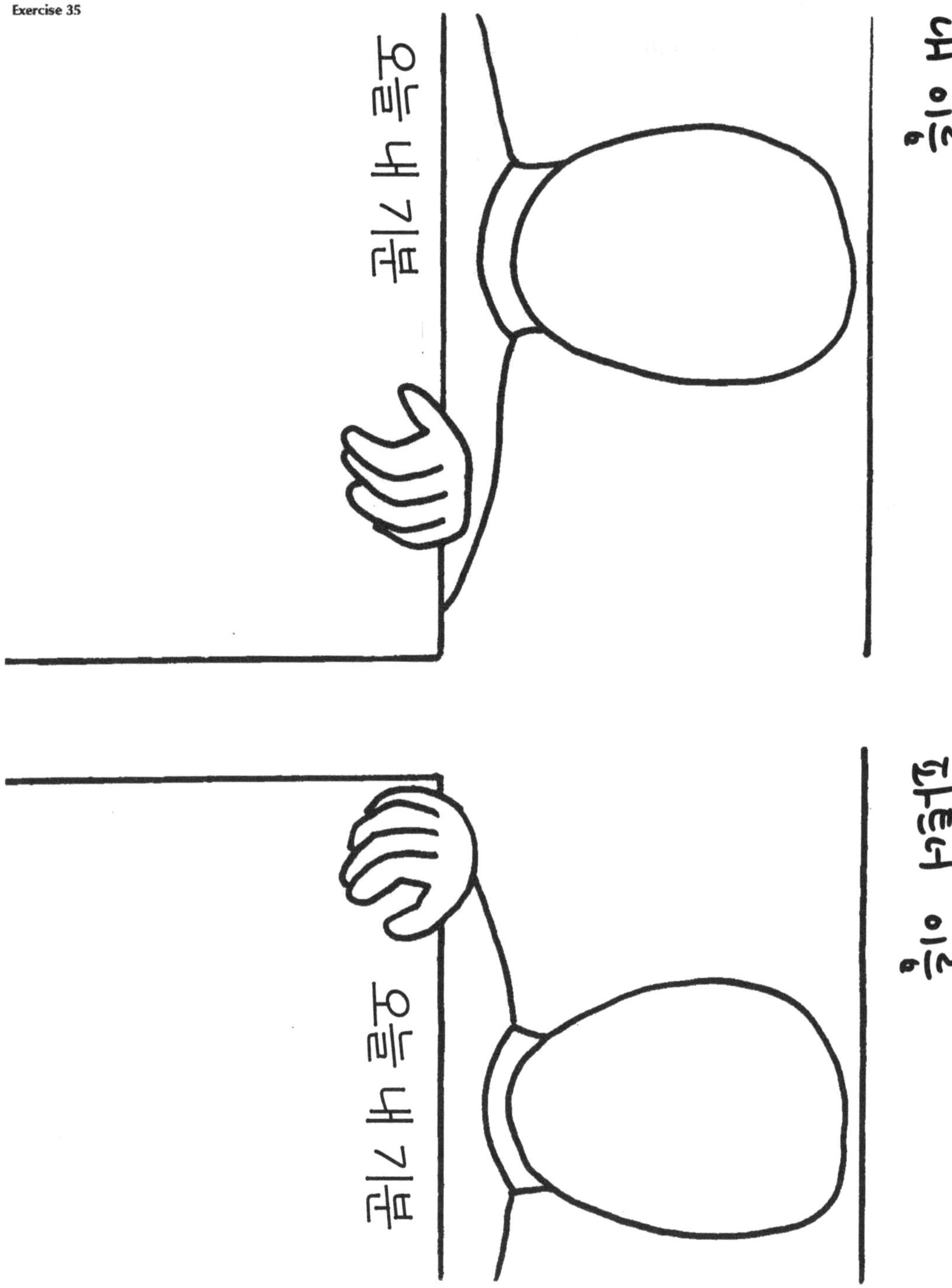
내 이름
보내는 글
파트너 이름
보내는 글

제 36장

만찬 접시(THE DINNER PLATE)

목적 : 1. 집단 피드백 수용하기; 그것을 건설적으로 사용하기.
2. 좋은 영양분에 대한 욕구를 이해하기.

재료 : 각 내담자를 위한 복사된 삽화지 한 장; 마커 펜 혹은 크레파스.

설명 : A. 재료를 나누는 동안, 치료사는 내담자들로 하여금 좋은 영양분의 중요성에 대해 짧게나마 토의를 나누게 한다.
B. 각 내담자는 영양 면에서 균형을 이룬 음식을 만드는 데 고려해야 할 것이 무엇인지 적어본다.

집단 토의 : 내담자들은 자신의 음식을 선보이고 그들이 그린 무엇이 영양 가치가 있는지를 설명한다. 다른 사람들은 그 음식이 영양 균형을 이루고 있는지에 대해 자신들의 생각을 토의한다. 치료사는 또한 영양가 있는 기호 식품에 대해 이야기해 보도록 격려한다.

몇몇의 경우에서는 어떤 설정 혹은 집단인지에 따라 영양이나 음식 섭취에 대한 토의가 다른 시대의 것을 다루기도 한다. 영양사 집단이나 참고 자료를 인용하는 경우가 여기에 해당한다.

이런 작업은 관조적이기보다는 교육적이기 때문에, 집단 발달의 모든 단계에서 다양한 집단을 대상으로 잘 수행된다.

변형 : 내담자들은 당뇨를 유발하는 음식이나 체중감소(체중증가)를 일으키는 음식을 그려본다.

Exercise 36

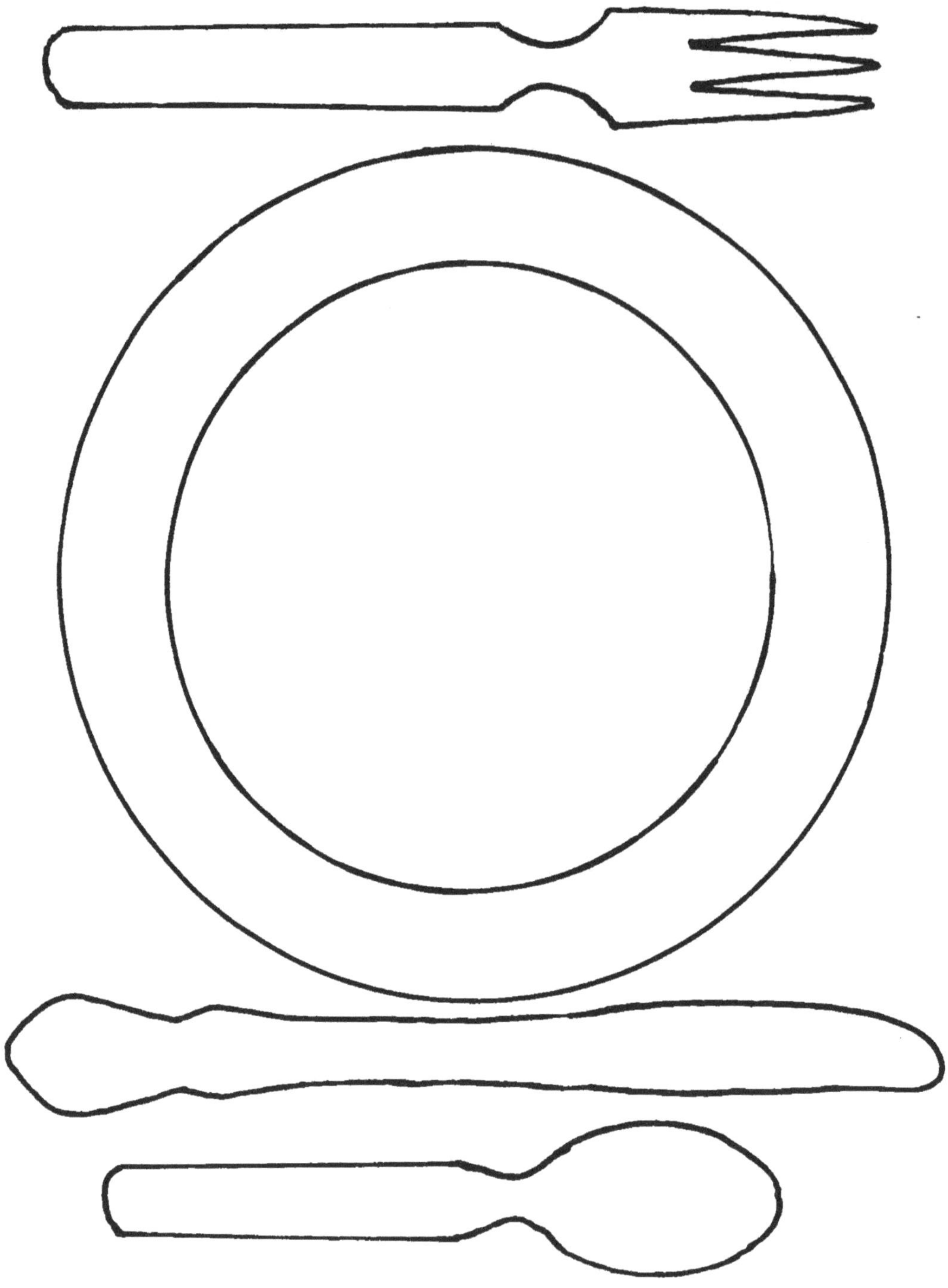

제 37장

사슬편지(THE CHAIN LETTER)

목적 : 1. 집단 기술을 강화시키기 위해 일상적인 주제에 초점을 두기
2. 과제 완성을 위한 책임감 함께 나누기.
3. 집단 역동을 더 잘 이해하기 위해 집단 경험을 반영하기.

재료 : 삽화지 두 장; 백지 한 장; 볼펜이나 연필.

설명 : A. 치료사는 집단 과제를 함께 수행하는데 대해 내담자들이 어떻게 느끼는지 토의하도록 요청함으로써 이 작업을 위한 준비과정을 밟는다.
B. 집단을 두 팀으로 나누고 팀장을 뽑도록 한다.
C. 각 팀에게는 "사슬편지" 삽화지와 백지가 주어진다.
D. 리더나 팀장은 열린 결말 이야기의 첫 번째 문장을 제공한다. 각 이야기를 시작하기 위한 두 가지의 예시 문장을 보면 다음과 같다.
(1) 매우 무더운 어느 날이었어요…
(2) 집단에 있는 모든 사람들은 그날 조용했어요. 그런데 갑자기…
E. 그리고 난 후, 각 팀 구성원은 이야기가 진행될 수 있도록 차례대로 문장을 첨가해 간다.

집단 토의 : 팀장은 나머지 구성원들에게 이야기를 읽어준다. 구성원들은 그들이 어떻게 공통된 주제에 도달하게 되었는지에 대해, 그리고 가능하면, 이야기가 진행해감에 따라 주제가 어떻게 변화되었는지에 대해 이야기를 나누도록 한다. 치료사는 내담자들로 하여금 이런 공동의 과제가 개인적인 과제에 비해 더 쉬운지 혹은 더 어려운지에 대해 탐색해 보도록 돕는다. 이런 작업에서 가능한 한 가지 결론은 다음과 같다.: 내담자들은 이야기가 전개됨에 따라 그 개념에 개인적인 정보를 드러내고 첨가하기도 한다. 집단의 역동과 구성원의 역할은 리더에게 보다 분명하게 다가온다.

이런 작업은 대인관계 기술을 발달시키도록 도움이 필요한 집단에서 효과적이다.

Exercise 37

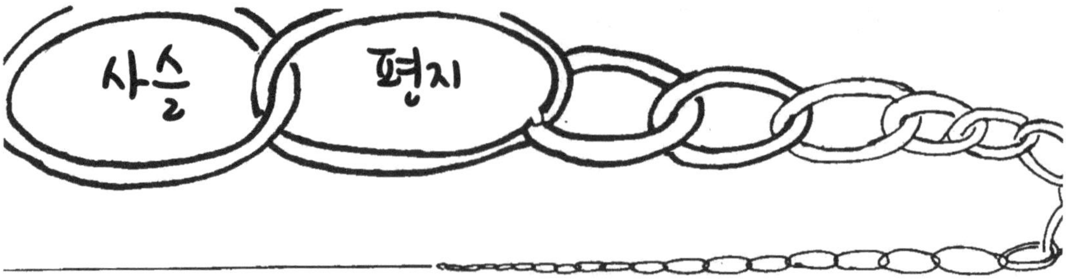

제 38장

초인종(THE DOORBELL)

목적 : 1. 감정 드러내기.
2. 타인에게 호감을 주는 면들을 찾아내기.

재료 : 집단 구성원들을 위한 복사된 삽화지 한 장; 마커 펜이나 크레파스.

설명 : A. 치료사는 내담자들이 좋아하는 사람들의 어떤 긍정적인 면들을 설명해 보도록 격려한다.
B. 재료를 나누고 내담자들은 삽화지를 본다. 치료사는 내담자들로 하여금 집을 찾아가 초인종을 누르고 싶은 누군가에 대해 생각해 보도록 요청한다.
C. 각 내담자는 문이 열릴 때 그들이 가장 보고 싶은 사람의 모습을 그려본다.

집단 토의 : 내담자들은 문의 다른 쪽에 있는 누군가를 말한다. 그들은 그 사람에 관해 그들이 좋아하는 면을 설명한다. 치료사는 집단 원들에게 그려진 사람에 대해 그리고 그 사람과의 관계에 대해 질문해 보도록 격려한다. 치료사는 구성원들로 하여금 각각의 그림이 각 내담자들의 무슨 욕구를 나타내고 있는지 분석해 보도록 요청한다. 공통된 주제에 집중이 모아질 수 있다.
내담자들은 때때로 대문의 뒤편에 서로의 모습을 그려 넣는다. 그들은 동료 구성원들의 긍정적인 면에 초점을 둔다. 이런 작업은 여러 방향에서 해석될 수 있으며 따라서 집단 발달의 단계와 상관없이 다양한 집단에서 효과적이다.

Exercise 38

제 39장

지혜와 위로의 말들(WORDS OF WISDOM AND COMFORT)

목적 : 1. 부정적인 경험에 대해 건설적인 반응을 나눔으로써 대인관계 학습을 격려하기.
2. 통찰과 공감 능력을 증진시키기.
3. 내담자들을 안심시켜 그들이 서로를 도울 수 있도록 하기.

재료 : 각 내담자를 위한 복사된 삽화지 한 장; 연필, 볼펜 그리고 크레파스.

설명 : A. 치료사는 지지적이고 안심을 준다는 것이 무엇을 의미하는지 토의하면서 시작한다. 내담자들로 하여금 이렇게 하는 방법에 대해 특별한 예시를 들어보도록 한다.
B. 내담자들은 이와 연관된 삽화지를 받는다. 그들은 자신들이 생각하기에 말풍선 안에 있는 말들을 할 만한 누군가의 모습을 그리도록 요청받는다.
C. 각 내담자는 그 페이지의 아래 부분에 안심시키는 말들을 적어서 완성한다.

집단 토의 : 각 내담자들은 그들의 그림을 보여주고 언급한 내용들을 읽는다. 내담자들이 주어진 내용에 해당하는 누군가를 찾아보도록 요청한다. 각 내담자들은 왜 그들이 특별한 반응을 보였는지 설명한다. 흔히, 내담자들은 기대했던 것보다 이런 작업을 자신의 문제로 개인화할 것이다.
이 작업은 통찰력이 있고 추상적인 논리력이 가능한 내담자들의 집단을 위해 고안되었다.

Exercise 39

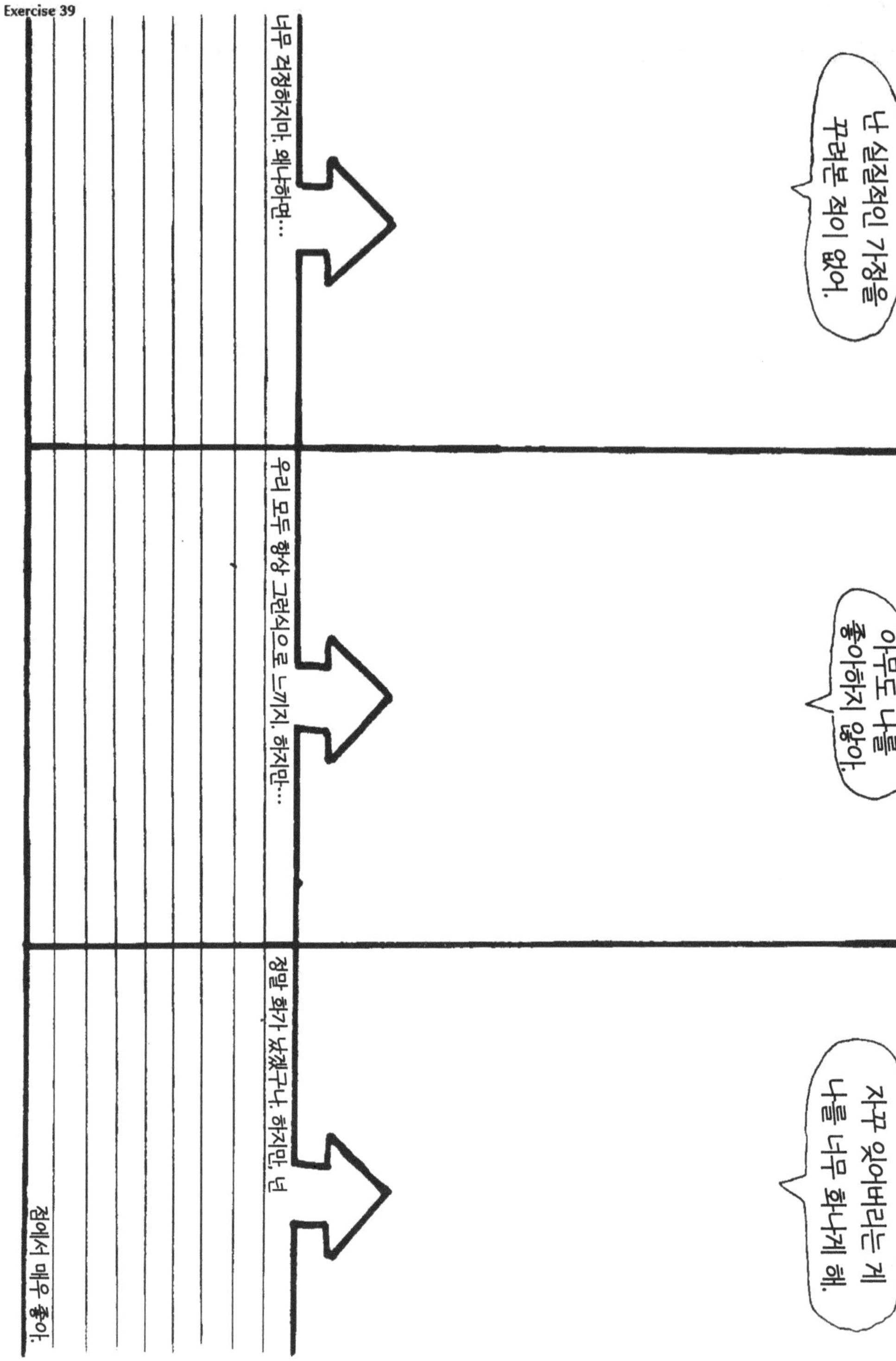
난 실질적인 가정을 꾸려본 적이 없어.
너무 걱정하지마. 왜냐하면…
아무도 나를 좋아하지 않아.
우리 모두 항상 그런식으로 느끼지. 하지만…
자꾸 잊어버리는 게 나를 너무 화나게 해.
정말 화가 났겠구나. 하지만, 넌
점에서 매우 좋아.

제 40장

관찰자의 눈(EYE OF THE BEHOLDER)

목적 : 1. 각 내담자들의 관심을 탐색함으로써 집단 응집력과 상호작용을 증진시키기.
2. 과제 완성을 위해 세밀한 부분에 집중하기.
3. 서로에 대해 배워나가기 위해 서로 다른 해석과 관점을 비교하기.

재료 : 수차례의 순번돌기를 위한 충분한 양의 삽화지; 크레파스나 마커 펜.

설명 : A. 치료사는 서로의 말에 대한 경청의 중요성을 주제로 소개하면서 이 작업을 시작한다. 내담자들은 상대방이 경청하지 않는 경우 갖게 되는 느낌에 대해 이야기를 나눈다.
B. 재료를 나누는 동안, 치료사는 내담자들로 하여금 부모, 친구, 가정, 영화 속 한 장면, 삶 속에서 일어나는 작은 사건과 같은 누군가나 혹은 어떤 일에 대해 생각해 보도록 요청한다.
C. 서로 돌아가면서, 한 사람은 자신이 생각하는 바에 대해 기술하고 나머지 집단 원들은 그것에 대해 자신이 지각하는 바를 그려본다.

집단 토의 : 한 사람씩 의견을 말하면서 한 바퀴를 돈다. 그림은 시각적 그리고 언어적으로 비교된다.
치료사는 그에게 집단 원들이 경청하고 있다고 생각하는지 여부와 그것에 대해 어떻게 느끼는지를 물어본다. 집단 원들은 설명을 들으면서 자신들의 해석이 어떤 유사성과 차이점을 가지는지 살펴본다.
이렇듯 구조화된 과제에서 대부분의 집단 원들은 서로 경청하게 될 것이다. 하지만, 그들의 해석은 다양할 것이다. 비록 이런 작업이 주로 새롭게 형성된 집단에서 서로의 얼굴을 익히는데 도움을 주기는 하지만, 집단 발달의 어느 단계에 있든지 다양한 집단에서 사용될 수 있다.

Exercise 40

제 41장

다음엔 무엇이 올까?(WHAT COMES NEXT?)

목적 : 1. 원인과 결과 사이의 연관성을 이해하기.
2. 개인적인 지각을 나눔으로써 집단 상호작용을 위한 분위기를 발전시키기.

재료 : 아래의 설명에 적합하게 구색을 갖춘 오려진 잡지 사진; 백지, 풀, 크레파스 혹은 마커 펜.

설명 : A. 치료사는 열린 결말 상황을 설명하고 어떤 행동이 뒤따를 수 있을지 예시를 들어보도록 요청한다. 예를 들어, 만약 치료사가 두 사람이 손을 잡고 있는 상황을 설명한다면 어떤 내담자들은 입맞춤이 뒤따를 거라고 말할 수 있다.
B. 각 내담자에게 어떤 행동이 뒤따를 수 있을지 보여주는 잡지의 그림이 주어진다. 그 그림을 페이지의 좌측 절반 면에 붙인다.
C. 우측 절반 면에는 다음에 뒤따를 것이라고 생각되는 행동을 그려 넣는다.
D. 과제가 완성되었을 때, 그 종이를 접어서 잡지 사진만 노출시켜 놓는다.

집단 토의 : 한 번에 한 내담자씩 접혀진 종이를 들어 올려 잡지 사진이 붙어있는 면을 집단에게 보여준다. 치료사는 사진이 무엇을 나타내는지, 그리고 어떤 행동이 다음에 뒤따르게 될지 구성원들끼리 토의하게 한다. 그리고 난 후, 구성원들로 하여금 종이 위에 그 다음에 뒤따르게 될 사건을 표현해 보도록 요청한다. 집단 원들은 기대한 결과와 어떤 감정들이 서로 연관되어 있을지 탐색해 보도록 한다.
이런 작업은 집단 구성이 어떠한가에 따라 유쾌해질 수도 있고 혹은 자신을 드러낼 수도 있다. 이것은 집단 발달의 어떤 단계에서도 효과적이다.

제 42장

남과 여(THE MAN AND THE WOMAN)

목적 :

1. 우리 자신의 태도에 대한 인식을 증진시키기 위해 일상적인 성 역할을 탐색하기.
2. 자기 평가에 집단 피드백을 반영하기.

재료 : 백지, 적합한 잡지, 가위, 종이 클립; 각 내담자를 위한 복사된 삽화지 한 장.

설명 : A. 치료사는 전형적인 성 역할이 의미하는 바가 무엇인지 내담자들에게 질문한다. 예시를 들어준다. 또한, 치료사는 남성과 여성 사이에 실제적인 차이가 있다고 생각하는지 여부를 질문한다.

B. 각 내담자에게 잡지 사진과 함께 삽화지를 나누어 준다. 내담자들은 남성 혹은 여성에게 특별히 어울린다고 생각하는 아이템을 오린다. 그들은 종이 클립을 가지고 적절하다고 생각되는 삽화에 이들 사진을 붙인다.

집단 토의 : 내담자들이 각각 선택한 사진을 보여줄 때, 치료사는 자발적으로 집단 피드백이 나오도록 격려한다. 토의가 진행됨에 따라 내담자들은 각자가 선택한 사진을 보면서 그 유사성과 차이점을 관찰한다.

이런 작업은 다양한 신념의 일면들을 보여주며, 시대를 달리 설정한 후 토의를 지속시킬 수도 있다.

주관적인 면들로 인해서 논란거리가 될 수 있기 때문에 이 작업은 내담자들 사이에 이미 어느 정도 믿음이 확립된 집단에게 권고된다.

Exercise 42

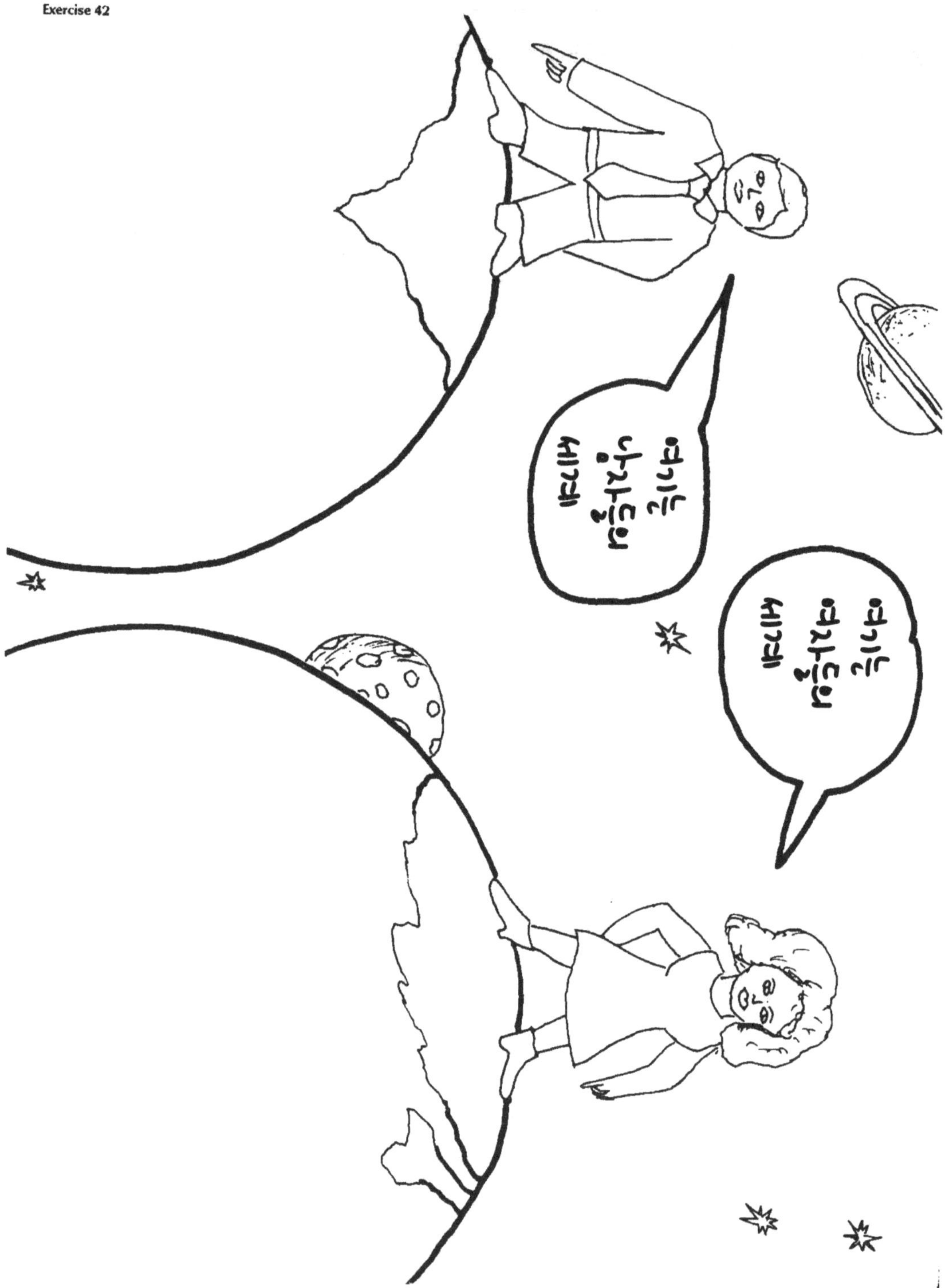

제 43장

소원의 샘(WISHING WELL)

목적 : 1. 개인적인 그리고 집단적인 욕구를 확인하고 분석하기.
2. 내담자들 사이에 공동의 유대감에 대한 인식을 증진시키기.

재료 : 각 내담자를 위한 복사된 삽화지 한 장; 크레파스 혹은 마커 펜.

설명 : A. 치료사는 내담자들로 하여금 서로에게 개인적인 욕구를 드러내도록 격려한다. 집단의 욕구 또한 논의된다.
B. 치료사는 재료를 나누어 준다.
C. 각 내담자는 삽화지의 "자신을 위한" "집단에 있는 다른 누군가를 위한" "전체로서의 집단을 위한" 이라고 적힌 부분에 상응하는 각자의 소원을 그린다.

집단 토의 : 개인 구성원들은 "자신을 위한" 소원과 그 이유를 표현한다. 치료사는 이것이 그 사람에 대한 무엇을 생각나게 하는지 말해보도록 내담자들을 격려한다.
그 다음으로 치료사는 "집단에 있는 다른 누군가를 위한" 소원에 초점을 맞추고 그 사람이 누구인지 대답해 보도록 요청한다.
그리고 난 후, 모든 사람들은 "전체로서의 집단을 위한" 소원에 대답하도록 요청받는다.
모든 삽화가 공개된 후에 유사한 소원들이 확인되고 치료사는 내담자들 사이에 공동의 유대감을 강조한다.
각 내담자들을 위한 소원이 포함되기 때문에 이런 작업은 서로를 어느 정도 잘 알고 있는 내담자들의 집단에서 사용되어야 한다.

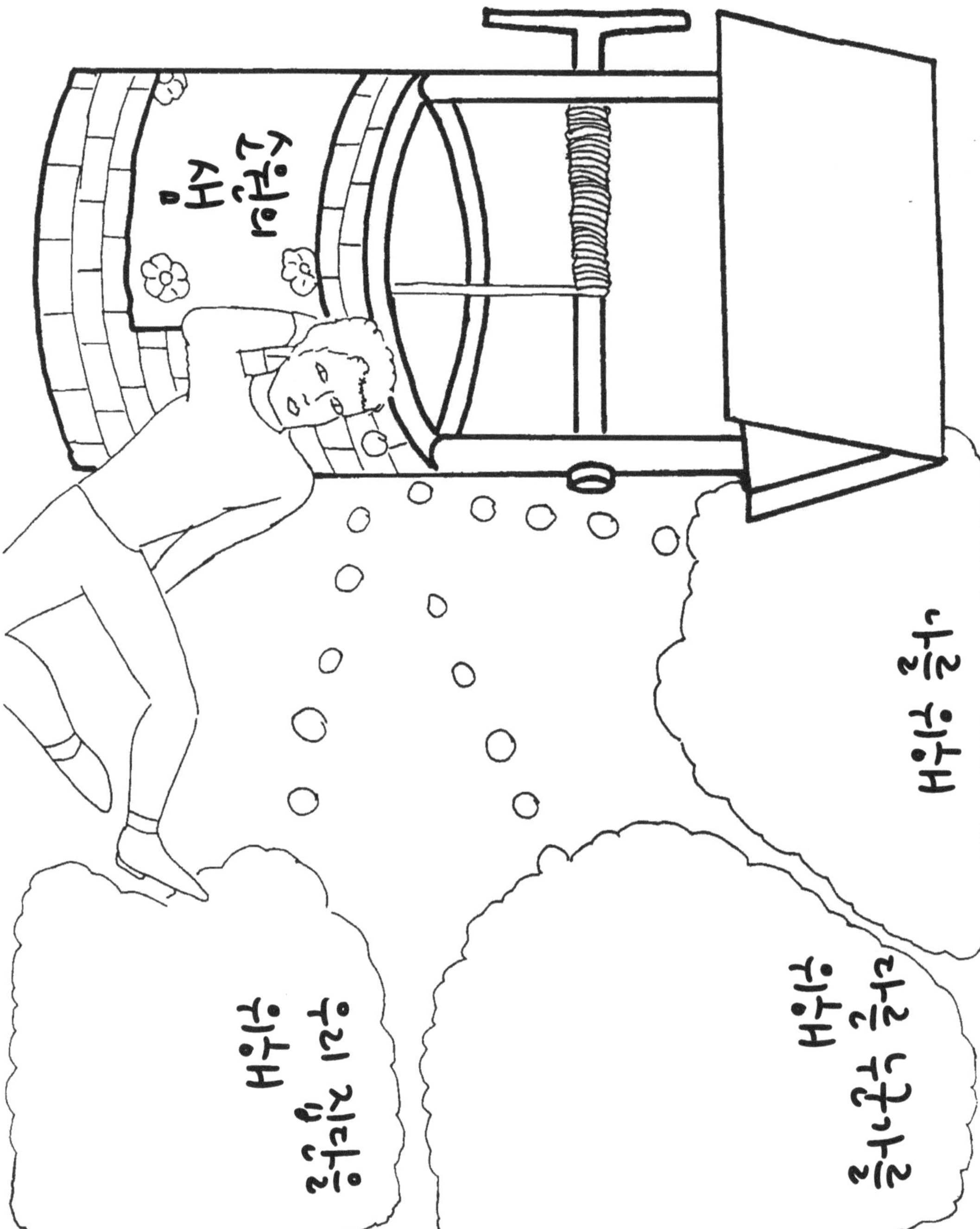
소원의 샘
나를 위해
다른 누군가를 위해
우리 집단을 위해

제 44장

놀랐는걸!(SURPRISE!)

목적 : 1. 자신과 타인에 대해 좀 더 알아가기 위한 환상을 나누기.
2. 개인적인 예측이 욕구로 어떻게 표현되는지 탐색하기.
3. 상호간 자기노출을 통해 집단 응집력을 발전시키기.

재료 : 각 내담자를 위한 복사된 삽화지 한 장; 크레파스나 마커 펜.

설명 : A. 치료사는 갑작스러운 사건과 예측가능 한 사건을 어떻게 구별할 수 있는지에 대해 짧게나마 토의하도록 집단 원을 격려한다.
B. 각 내담자에게 삽화지를 나누어준다. 내담자들은 방에 들어갈 때 그들을 깜짝 놀라게 할 것이라고 생각하는 상황이나 사건을 그려본다.
C. 치료사는 내담자들로 하여금 이런 방이 위치하고 있는 곳에 대한 특별함을 이야기해 보도록 격려한다.

집단 토의 : 내담자들은 그들의 삽화에 대해 토의하고 자신들의 느낌을 설명한다. 치료사는 이런 상황이나 사건들이 과거에 실제로 그들에게 일어났는지 물어보아야 한다.
집단 원들은 이런 예측이 각 구성원에 대해 무엇을 나타내고 드러내는지 토의한다. 치료사는 구성원들이 비슷한 상황에서 무엇을 하고 느끼게 될지 탐색하도록 돕는다. 치료사는 내담자들로 하여금 기분 나쁜 예측이 일어났을 때 지지적이 되도록 격려한다.
이런 작업에 대한 반응들은 다양하고 예상하기 힘들다. 흔히 각 내담자에 대한 새로운 어떤 것이 드러나기도 한다.
이 작업은 다양한 방향에서 해석될 수 있기 때문에 집단 발달의 모든 단계에서 다양한 집단에 이용될 수 있다.

Exercise 44

제 45장

기찻길(THE RAILROAD TRACK)

목적 : 1. 더 많은 자기 노출을 위해 기억을 나누기.
2. 서로에 대해 더 많은 것을 배우기 위해 인생 경험을 비교하기.
3. 비판적이지 않은 방식으로 피드백을 나누기.

재료 : 테이프, 크레파스나 마커 펜; 두 가지의 삽화 그림을 내담자들에게 똑같이 나눌 수 있을 만큼 충분한 양의 복사된 삽화지.

설명 : A. 치료사는 집단 원에게 두 장의 삽화를 보여준다. 치료사는 내담자들로 하여금 각각의 삽화가 무엇처럼 보이는지 그리고 이것이 무엇을 생각나게 하는지 말해 보도록 한다.
B. 내담자들의 절반에게는 한 쪽 철길이 그려진 삽화지를 준다. 나머지 내담자들에게는 다른 철길이 그려진 삽화지를 나누어 준다. 그리고 난 후, 모든 내담자들에게 그들이 살았거나 방문한 적이 있는 흥미 있는 장소를 그려보라고 한다.
C. 그림을 완성했을 때, 치료사는 삽화지를 테이프로 붙여 모든 철길이 만나도록 한다. 연결된 철길을 전시하고 모든 내담자들이 그것을 보게 한다.

집단 토의 : 가상의 기차가 모든 역에서 정차하는 것으로 설정하고 내담자들은 그들의 그림에 대해 설명한다. 치료사는 내담자들에게 그들이 선택한 장소의 중요성에 대해 이야기해 보도록 요청하고, 거기에서 발생했던 어떤 중요한 사건에 대해 이야기를 나누도록 한다. 연관된 감정들을 탐색한다. 치료사는 다른 내담자들에게 설명된 장소를 방문하는데 관심이 있는지 없는지 질문한다. 이런 토의는 흔히 추억에 대한 토의로 발전해 간다. 이것은 다양한 집단에서 효과적이며 자기 노출을 위한 비판적이지 않은 방식이기 때문에 집단 발달의 초기 단계에 있는 집단에서 유용하다.

변형 : 내담자들은 그 집단이 방문했으면 하는 장소를 그린다. 집단 원들은 각자 선택한 장소의 중요성을 토의하고 각자의 목적지에서 그 집단이 했으면 하는 무엇을 설명한다.

Exercise 45a

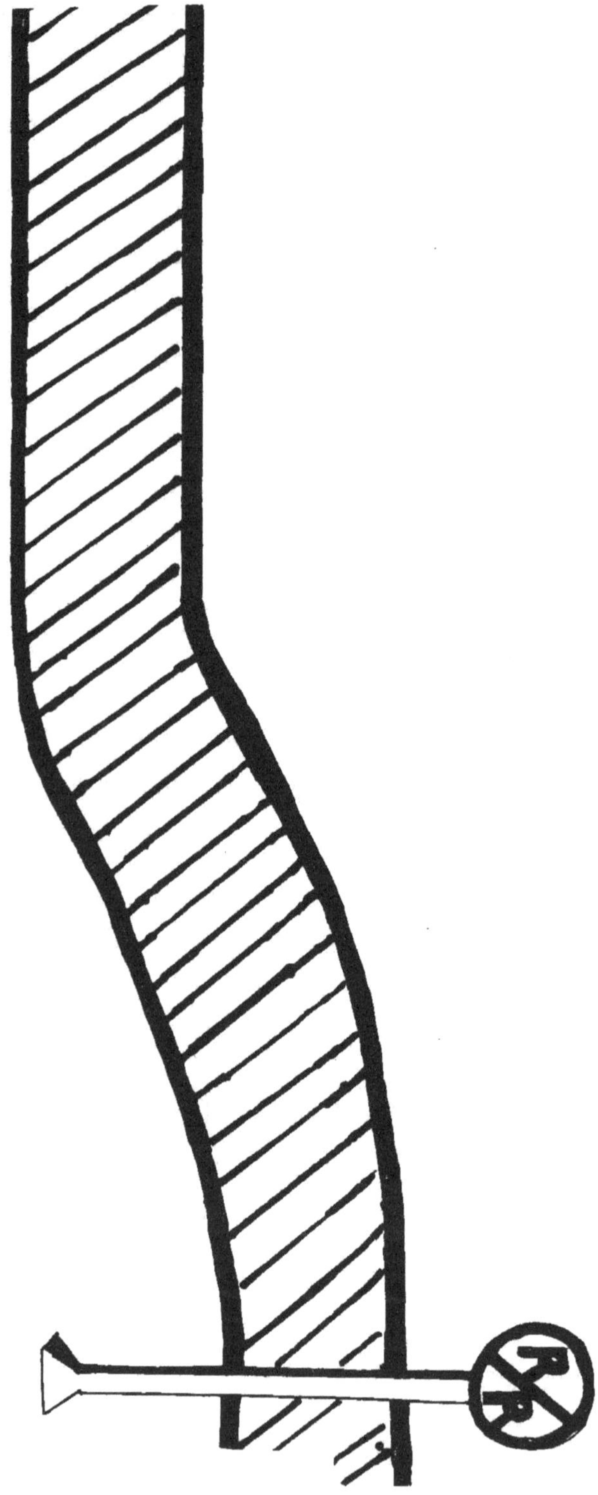

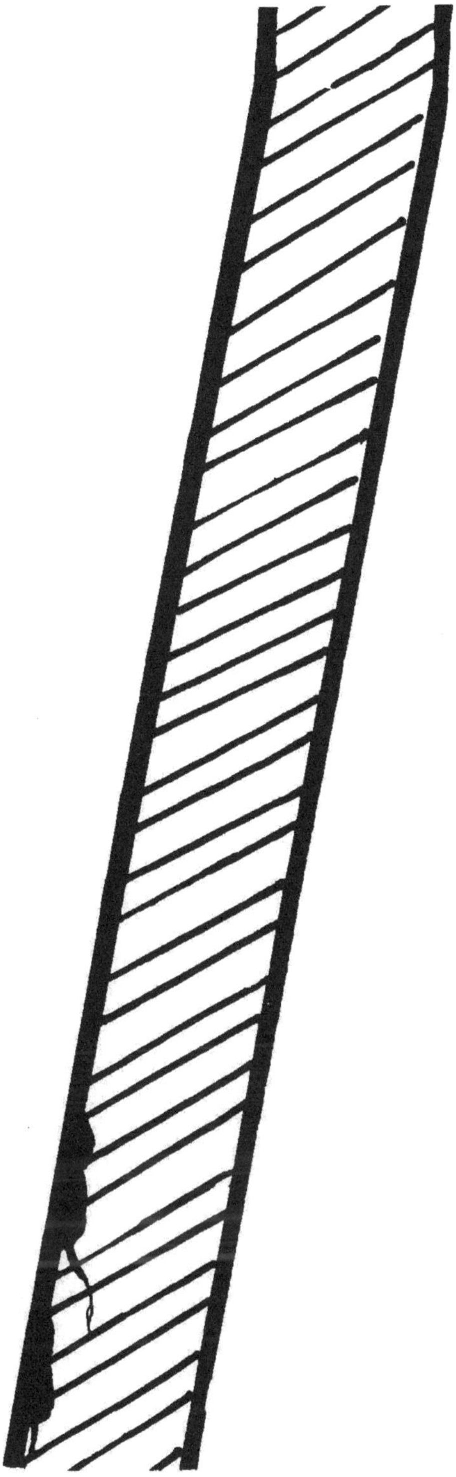

제 46장

구매자의 내기(SHOPPER'S SWEEPSTAKES)

목적 : 1. 상품 선택을 통한 자기 노출.
2. 소원과 욕망의 표현을 통해 다른 사람의 욕구에 대해 탐색하기.

재료 : 내담자들을 위한 복사된 삽화지 한 장; 마커 펜이나 크레파스.

설명 : A. 치료사는 집단 원들로 하여금 가게에서 어떤 물건을 무료로 얻게 되는 상상을 하도록 한 다음 이에 대해 토의를 나눈다.
B. 삽화지를 나누어주고, 각 내담자로 하여금 마트에서 약 20분간의 자유 구매경쟁에서 물건을 획득한 것처럼 하도록 설정한다.
C. 내담자들은 이 구매경쟁에서 그들 자신을 위해 선택하여 가져온 상품들을 그린다.

집단 토의 : 각 내담자들은 자신의 쇼핑 카트 안에 있는 물건들을 설명하고 가져온 각 물건들의 중요성에 대해 설명한다. 구성원들은 설명을 들으며 그 내담자에 대해 생각하는 바를 이야기하도록 한다.
구성원들로 하여금 서로의 카트에 추가로 물건을 담게 하고 그 이유를 설명하게 한다. 선택된 물건들은 흔히 기본적인 욕구를 나타낼 것이다.
이런 훈련은 비판적이지 않으며 여러 수준에서 해석될 수 있다. 따라서, 다양한 집단에서 효과적이다.

변형 : 내담자들은 무작위로 서로 다른 사람의 이름을 선택하고 선택한 사람이 고맙게 생각할 만한 물건을 구입한다. 토의는 타인의 욕구를 자신이 어느 정도 감지했는지에 대한 이해에 초점을 둔다.

Exercise 46

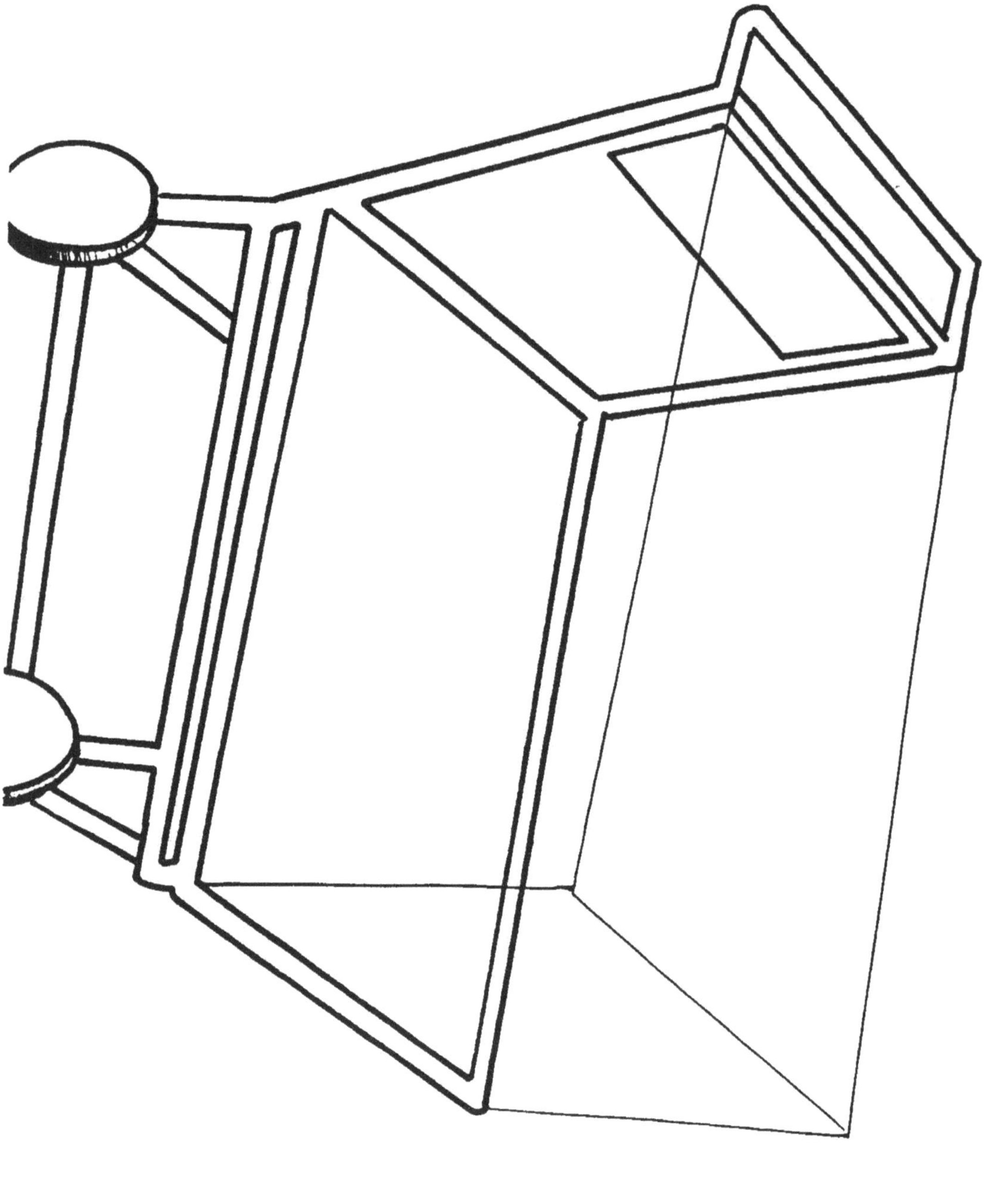

제 47장

치열한 논쟁(THE GREAT DEBATE)

목적 : 1. 일대일 상호작용을 격려하기.
2. 공동의 과제를 완성하는데 있어 발생하는 역동을 탐색하기.
3. 다른 관점에 대한 이해와 수용성을 증진시키기.

재료 : 각 내담자를 위한 복사된 삽화지 한 장; 연필.

설명 : A. 치료사는 내담자들에게 토론과 논쟁의 차이점에 대해 이야기 해보도록 요청한다.
B. 재료를 나누는 동안, 내담자들은 논란의 여지가 있는 화제 거리를 생각한다. 예를 들면, 기숙사에서의 통행금지; 사생활에 대한 욕구; 직원을 위한 독립된 화장실 등이다.
C. 내담자들을 한 쌍씩 맺어준다. 그들은 논쟁할 주제를 선택한다.
D. 각 파트너들은 각 주제에 대해 논의를 나눌 방향과 대상을 결정한다. 그들은 삽화지의 말풍선에 논쟁의 근거를 나열한다.

집단 토의 : 각 파트너들은 집단 원들에게 그들의 논쟁을 보여준다. 다른 집단 원들이 그 논쟁에 대해 질문을 하도록 격려한다. 집단 원들은 논쟁의 다른 측면들을 추가로 언급할 수 있다.

원한다면, 집단 원들은 가장 강력한 사례를 보였던 사람에게 투표를 할 수 있고 투표한 이유를 설명할 수 있다.

내담자들은 이 작업에서 요구되는 일대일 상호작용에 대해 그들이 어떻게 느끼는지 설명한다.

토의하는 동안 치료사는 내담자들 사이에 발생 가능한 갈등을 피하도록 돕는데 적극적인 역할을 해야만 한다. 이 작업은 추상적인 사고가 가능하고 잘 통합된 집단을 위해 고안된 것이다.

Exercise 47

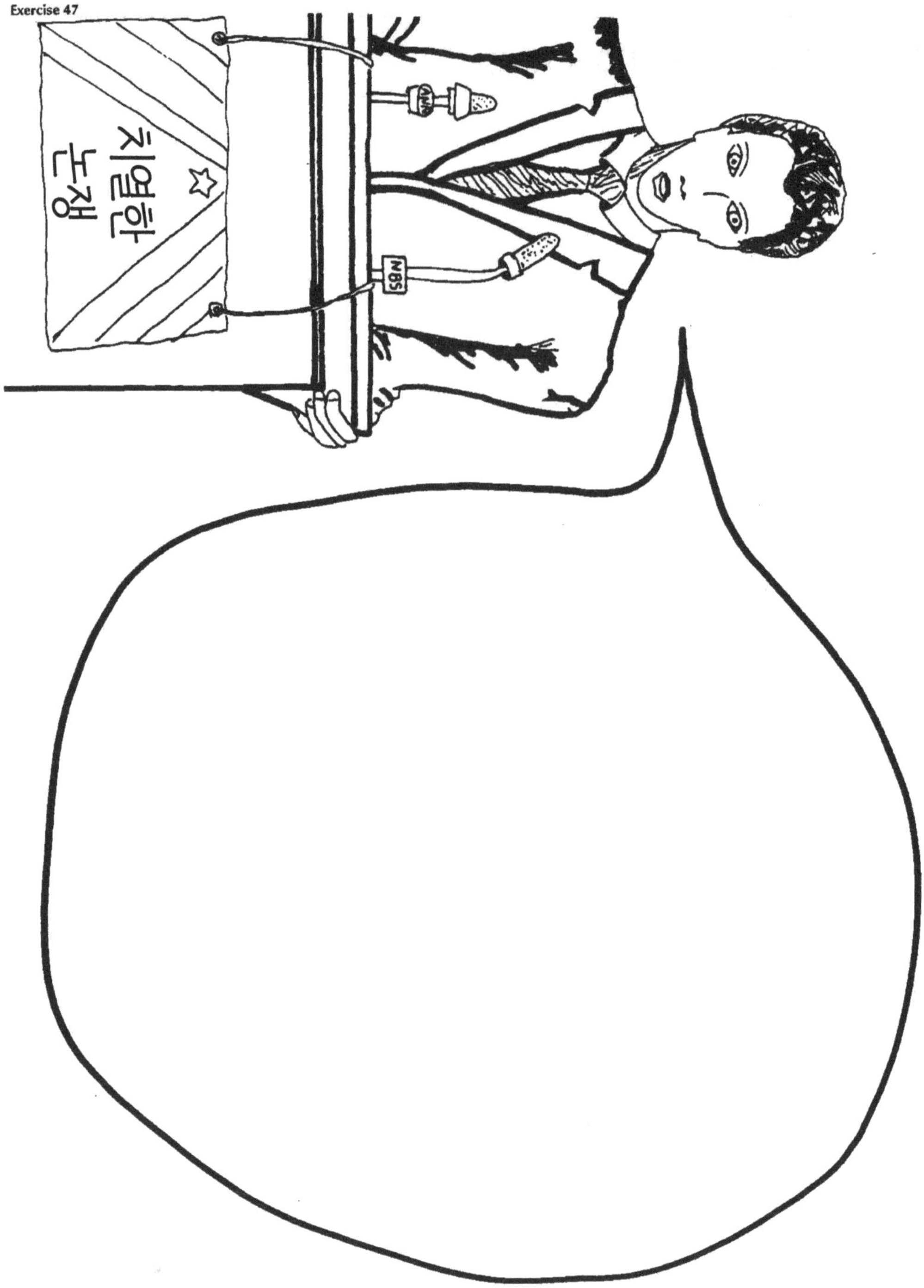

제 48장

거울(MIRROR)

목적 : 1. 신뢰를 구축하는 방법으로서 위험을 감수하기.
2. 자기 노출을 통해 집단 응집력을 발달시키기.
3. 관조와 통찰 능력을 증진시키기.

재료 : 각 내담자를 위한 복사된 삽화지 한 장; 크레파스 혹은 마커 펜.

설명 : A. 초기 토의는 타인에게 보여주는 모습이 진정한 자신의 모습과 어떻게 다른지에 초점을 둔다.
B. 재료를 나누는 동안, 치료사는 진정한 자신의 모습을 보여주는 거울을 상상해 보도록 지시한다.
C. 각 내담자에게 삽화지를 나누어 주고, 거울에 '진정한 자기'를 그리도록 하고 페이지의 뒷면에 다른 사람이 보는 '자기'를 그리게 한다.

집단 토의 : 각 내담자는 페이지의 뒷면에 다른 사람이 보는 '자기'를 표현한다. 집단원은 이에 동의하는지에 대해 토의한다. 그리고 난 후, 거울에 있는 진정한 '자기'가 그 내담자에 의해 표현된다. 집단원은 그 사람의 자기 평가에 대해 피드백을 주고, 이것이 그로 하여금 자신이 누구인지를 더 잘 이해하게 돕는지 여부를 탐색한다.
내담자들은 일반적으로 서로 지지와 공감을 보여준다. 이것은 내담자들로 하여금 그들 자신에 대해 더 잘 느끼도록 이끌며 서로의 신뢰감을 높이도록 돕는다.
이런 작업은 추상적인 사고가 가능하고 잘 통합된 집단을 위해 고안된 것이다.

변형 : 내담자들은 그들이 신체적인 외양을 어떻게 변화시키고 싶은지 그려본다. 집단 원들은 그들 삶의 질이 이런 변화 때문에 나아질 것인지 여부에 초점을 둔다.

Exercise 48

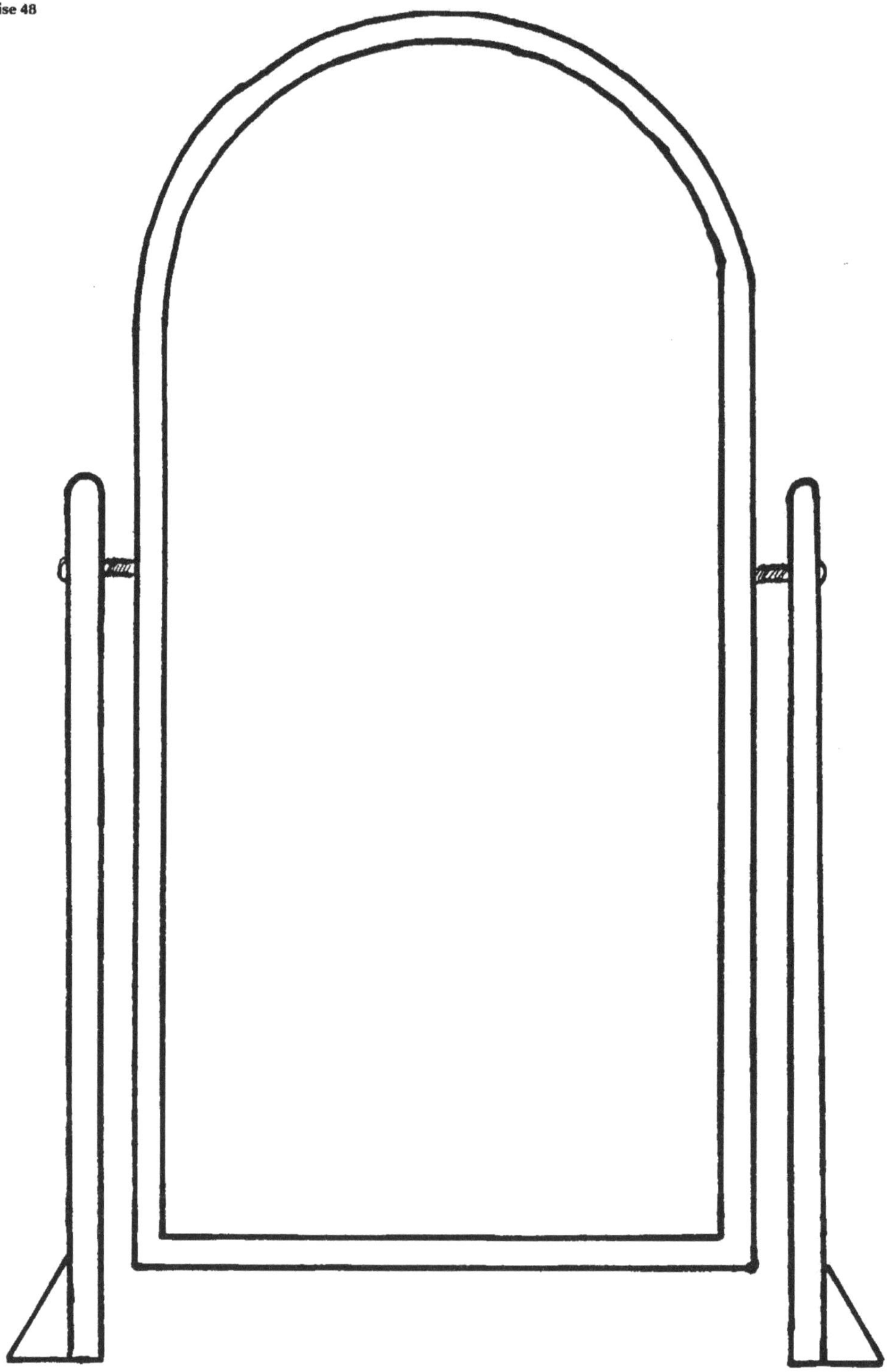

제 49장

도망가기(RUNNING AWAY)

목적 : 1. 두려움에 대한 느낌을 명료화하기 위한 기회를 제공하기.
2. 서로의 욕구를 더 잘 이해하기 위해 상호간 공감할 수 있도록 격려하기.
3. 보편적인 두려움에 대해 탐색하기.

재료 : 각 내담자를 위한 복사된 삽화지 한 장; 크레파스나 마커 펜.

설명 : A. 치료사는 두려움이 어떻게 현실화 되거나 혹은 상상 속에 머물게 되는지 내담자들이 이야기해보도록 이끌면서 이 작업을 시작한다.
B. 재료를 나누어 주고, 치료사는 삽화가 이런 주제와 어떻게 연관될 수 있는지에 대해 생각해 보도록 요청한다.
C. 내담자들은 삽화에 있는 사람이 무엇으로부터 도망가고 있는지 그려보도록 한다.

집단 토의 : 내담자들은 집단 원에게 자신의 삽화를 설명하고 자신을 두렵게 만드는 특별한 생각이 무엇인지에 대해 이야기한다. 나머지 집단원은 이에 대해 탐색하고 두려움에 맞설 수 있는 좋은 방법을 제시한다.
내담자들은 그들을 두렵게 만들 수 있는 일반적인 상황에 집중해 본다.
이런 토의는 왜 사람은 두려움을 경험하게 되는지에 대한 느낌을 나누는 데까지 진행시킬 수 있다.
이런 작업은 여러 방향에서 해석될 수 있으며 다양한 집단에서 유용하다.

Exercise 49

제 50장

TV 화면(TELEVISION SCREEN)

목적 : 1. 집단 정체성과 응집력을 증진시키기 위한 공통된 욕구를 탐색하기.
2. 열린 의사소통과 부정적인 감정의 표현을 위한 기회 제공.

재료 : 각각의 내담자를 위한 복사된 삽화지 한 장; 크레파스나 마커 펜.

설명 : A. 치료사는 내담자들로 하여금 조직 생활의 부정적인 측면을 보고했던 어떤 새로운 프로그램에 대해 회상해 보고 토의를 나누도록 격려한다.
B. 재료를 나누는 동안, 참가자들에게 그들의 거주지나 시설에 관한 특별한 TV 프로그램이 있는 것처럼 가정하여 이야기한다.
C. 그리고 난 후, 그들을 분노시키거나 열 받게 하는 거주지나 시설에 관한 어떤 것을 삽화지에 있는 TV 화면에 그려보게 한다.

집단 토의 : 치료사는 내담자들에게 TV 프로그램이 자신의 거주지나 시설에 대해 무엇을 표현하는지 설명하도록 요청한다. 치료사는 각 삽화를 보고 피드백을 주도록 격려한다. 그들이 표현한 감정의 이면에 있는 어떤 이유를 탐색하는 것은 중요하다.
이런 작업은 구성원들이 환경을 받아들이는데 있어 의견을 표출하도록 도움을 준다. 집단원은 설명된 어떤 상황을 변화시키도록 돕는데 의견을 제시할 수 있을지 여부를 살펴본다. 이 작업은 일상적인 생활을 함께 하는 집단에서 효과적이다.

Exercise 50

제 51장

운전석 계기판(THE DASH BOARD)

목적 : 1. 자기와 타인에 대한 인식을 증진시키기 위해 환상을 탐색하기.

2. 비판적이지 않은 방식으로 일대일 상호작용을 격려하기.

3. 공동의 과제를 완성하는데 있어 발생하는 역동을 경험하기.

재료 : 각 팀을 위한 복사된 삽화지 한 장; 크레파스나 마커 펜.

설명 : A. 치료사는 동료와 함께 어떤 지역을 이리 저리 여행하는 것에 대해 토의하도록 이끌면서 작업을 시작한다.

B. 집단을 두 세명 정도로 이루어진 팀으로 나눈다. 각 팀에는 삽화지가 주어진다.

C. 팀 구성원은 먼저 서로 이야기를 나누고 그들이 드라이브하고 싶은 곳을 결정한 후 그들이 여행에 가져가고자 하는 한 가지 물건에 합의한다. 또한 누가 운전자이고 누가 승객인지를 결정한다.

D. 각 팀원들은 그들 자신과 가져가는 물건과 그들의 목적지를 그려본다.

집단 토의 : 각 팀원들은 다른 팀원들에게 자신들의 그림을 보여준다. 치료사는 운전자와 승객, 가져가는 물건, 목적지를 어떤 방식으로 선택했으며 선택한 이유에 대해 설명하도록 요청한다.

그리고 난 후, 각 팀은 이런 과제를 함께 수행하는 것에 대한 느낌을 서로 토의한다.

이런 작업은 즐거우면서도 자신을 드러내는 것이다. 이것은 집단 발달의 초기 단계에서 유용한데 왜냐하면 비판적이지 않은 방식으로 일대일 상호작용을 위한 기회를 제공하기 때문이다.

Exercise 51

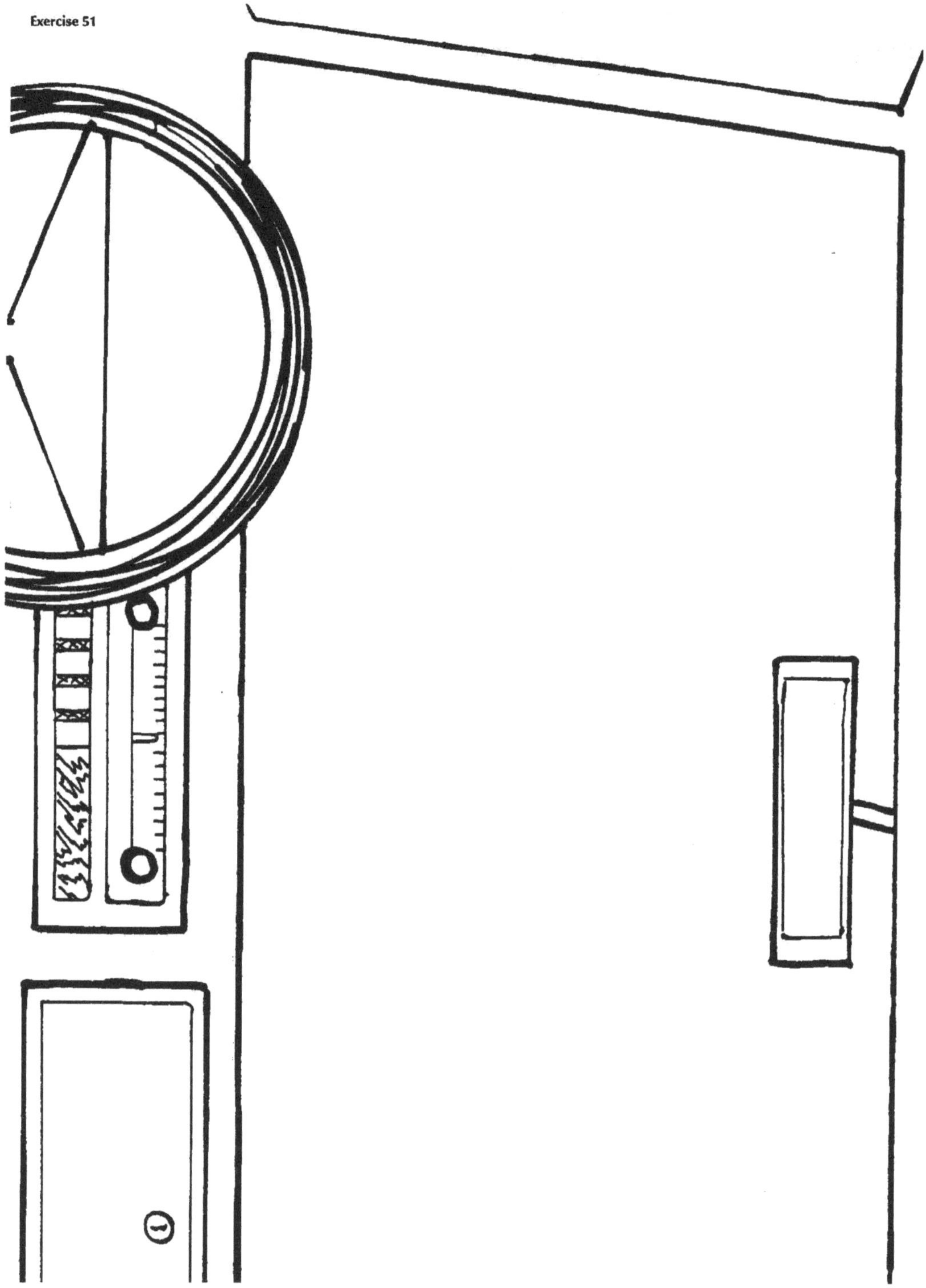

제 52장

세상의 모든 무대(ALL THE WORLD'S A STAGE)

목적 : 1. 환상을 통해 이상적인 자기상(self-image)을 나타내기.
2. 자기 평가에 피드백을 반영하기.
3. 역할 배정을 통해 한 사람의 인생에서 다른 사람의 중요성을 표현하기.

재료 : 각 내담자를 위한 복사된 삽화지 한 장; 크레파스나 마커 펜.

설명 : A. 흔히, 연기자는 우리가 다른 사람을 통해 보고자 하는 이상화된 상을 어떻게 표현해 내는지에 초기 토의의 초점을 둔다.
B. 참가자들은 극장과 무대가 그려진 삽화지를 받는다. 참가자들은 관객들이 자신을 보았으면 하는 어떤 장면을 그려본다.
C. 그들은 자신이 선택한 어떤 의상을 입고 무대 위에 서있는 자신을 그린다. 다른 동료들은 조연자들로서 그 장면에 참여할 수 있다.
D. 그리고 난 후, 객석에서 자신들의 연기를 지켜보고 싶어 하는 사람들을 그려본다.
E. 내담자들은 VIP석에 그들의 연기를 보러 온 유명 인사들을 그린다.
F. 점선을 따라 페이지를 접어서 삽화지를 똑바로 서 있을 수 있게 한다.

집단 토의 : 각 내담자는 자신의 역할, 의상 그리고 누군가를 조연으로 선택한 이유에 대해 이야기 한다. 그려진 장면의 중요성 또한 탐색된다.

추가적으로, 내담자들은 객석과 VIP 석에서 그들을 보고 있는 인물들을 선택한 이면의 근본적 이유에 대해 이야기 하고, 그들의 삶에서 이 인물들이 어떤 중요성을 가지는지 설명한다.

이런 작업은 추상적인 사고가 가능한 집단을 위해 고안되었으며 통찰력을 기르도록 이끈다.

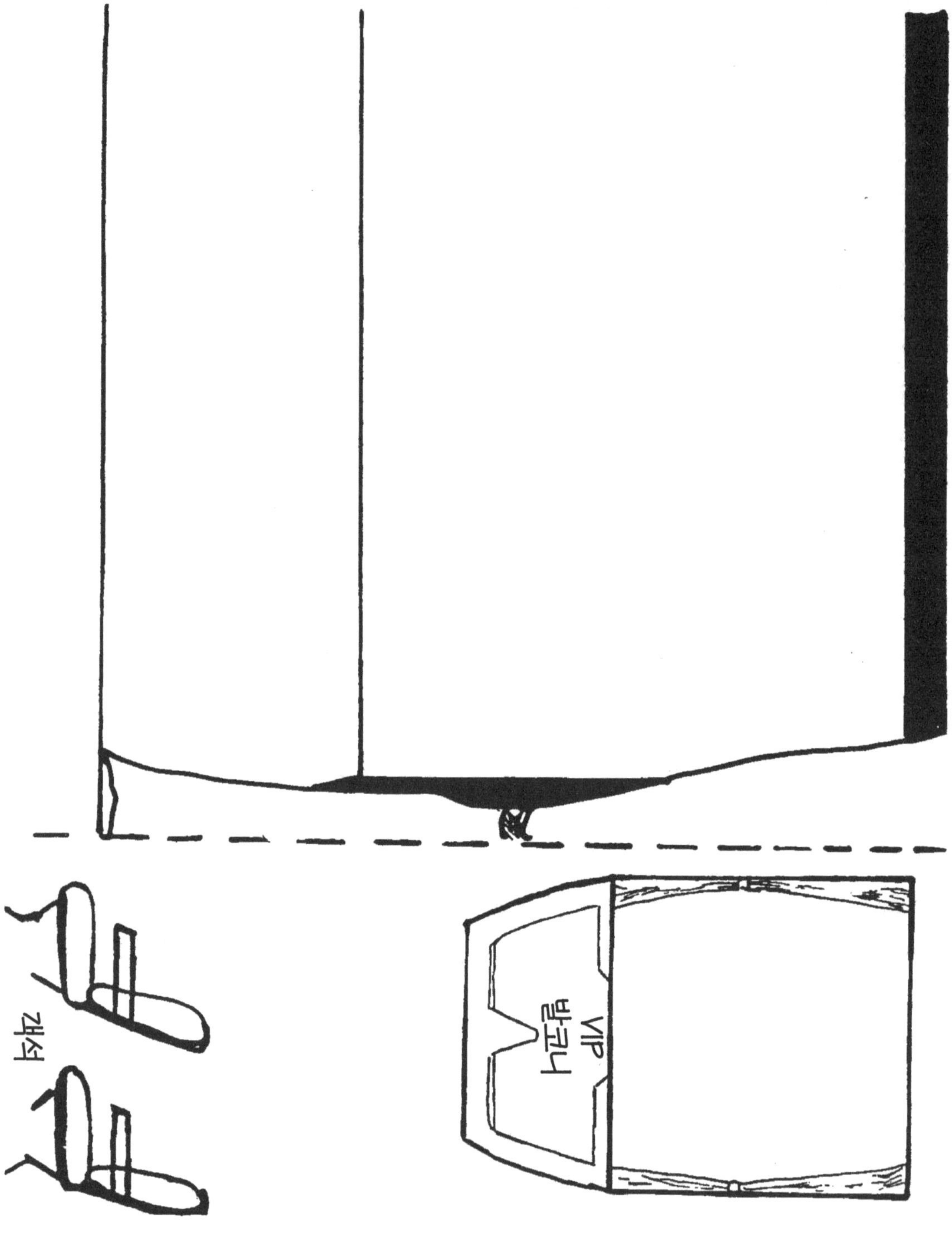
VIP

옮긴이 약력

전현태

의학박사. 정신건강의학과 전문의.

수원하나병원 대표원장

한국임상치유예술학회 이사

원광대학교 일반대학원 보건학과 및 원광디지털대학교 웰빙대학원 요가명상학과 강의교수

이혜진

보건학박사, 예술치료전문가

원광대학교 일반대학원 보건학과 예술치료교수

한국 예술치료교수협의회 대외협력이사

한국임상치유예술학회 교육이사

한국음악치료연구회 회장

이상열

의학박사, 정신건강의학과 전문의

원광대학교 의과대학 정신건강의학과 교수

한국 정신신체의학회 이사장

한국임상치유예술학회 회장

52가지 창조적 집단치료 훈련

CREATIVE THERAPY:
52 EXERCISES FOR GROUPS

초판인쇄일 : 2015년 4월 13일
초판발행일 : 2015년 4월 23일
저　　자 : Jane Dossick • Eugene Shea
그　　림 : Eugene Shea
옮 긴 이 : 이 상 열 • 이 혜 진 • 전 현 태
펴 낸 이 : 오 무 근
펴 낸 곳 : 도서출판 **하나의학사**
출 판 신 고 : 제25100-2013-000061호(1988. 4. 1)
주　　소 : 서울시 서대문구 거북골로7-7 하나빌딩 1층
전 화 번 호 : (02) 730-2555, 2556
팩　　스 : (02) 730-2557
이 메 일 : hanampc1@naver.com

정가 12,000원

◆ 역자와의 합의로 인지 생략
◆ 잘못된 책은 구입처에서 교환해 드립니다.

ISBN 979-11-85696-14-0 93510